Nikki Buschs märchenhafter

Mein dicker Winter-Rätselblock

Ab 8 Jahren

AF216725

Dieser Block gehört:

....

....

CARLSEN

Oh, du fröhliche Rätselzeit!

Nicht immer kannst du im Winter draußen im Schnee toben. Es wird früh dunkel, oft ist kein Rodel-, sondern Schmuddelwetter, du musst irgendwo warten, bist krank oder du hast einfach große Langeweile. Mit diesem Block vergeht die Zeit rasend schnell. Rätsel, Denk- und Scherzaufgaben vertreiben dir die Zeit. Auf den Rückseiten findest du außerdem viele Möglichkeiten zum Malen.

Also leg dir Buntstifte bereit und bring deinen Kopf auf Rätselstart! Auf den nächsten beiden Seiten findest du das Alphabet und das Hunderterfeld. Reiß das Blatt raus – du wirst es öfter gebrauchen können.

Viele Aufgaben wirst du allein lösen können. Wenn du mal nicht weiterweißt, frag deine Eltern, Geschwister oder Freunde.

Die Lösungen findest du meist auf der Rückseite oder sie stehen auf derselben Seite unten auf dem Kopf.

Viel Spaß beim Rätseln, Knobeln, Malen, Rechnen, Schreiben und Lachen!

Das Zahlenalphabet

A	B	C	D	E	F	G	H	I	J	K	L	M
1	2	3	4	5	6	7	8	9	10	11	12	13

N	O	P	Q	R	S	T	U	V	W	X	Y	Z
14	15	16	17	18	19	20	21	22	23	24	25	26

Ä	Ö	Ü	ß
27	28	29	30

Das Hunderterfeld

1	2	3	4	5	6	7	8	9	10
11	12	13	14	15	16	17	18	19	20
21	22	23	24	25	26	27	28	29	30
31	32	33	34	35	36	37	38	39	40
41	42	43	44	45	46	47	48	49	50
51	52	53	54	55	56	57	58	59	60
61	62	63	64	65	66	67	68	69	70
71	72	73	74	75	76	77	78	79	80
81	82	83	84	85	86	87	88	89	90
91	92	93	94	95	96	97	98	99	100

Winter-Buchstabengitter

In diesem Buchstabengitter findest du waagerecht und senkrecht 8 Winterbegriffe. Kreise sie ein.

S	C	H	L	I	T	T	S	C	H	U	H
C	G	H	E	J	K	L	Ö	Ä	E	N	I
H	V	C	I	X	T	A	S	D	I	G	T
N	I	K	O	L	A	U	S	U	L	H	T
E	O	P	C	Ü	N	F	T	U	I	P	E
E	S	S	H	V	N	R	E	W	G	Ä	F
B	E	T	E	V	E	S	A	A	A	E	R
A	T	I	N	C	N	B	N	M	B	K	O
L	R	E	Z	N	B	L	K	E	E	K	S
L	W	F	R	T	A	D	V	E	N	T	T
A	S	E	F	G	U	J	K	L	D	P	N
S	O	L	N	E	M	B	L	U	M	E	B

Lösung:

S	C	H	L	I	T	T	S	C	H	U	H
C	G	H	E	J	K	L	Ö	Ä	E	N	I
H	V	C	I	X	T	A	S	D	I	G	T
N	I	K	O	L	A	U	S	U	L	H	T
E	O	P	C	Ü	N	F	T	U	I	P	E
E	S	S	H	V	N	R	E	W	G	Ä	F
B	E	T	E	V	E	S	A	A	A	E	R
A	T	I	N	C	N	B	N	M	B	K	O
L	R	E	Z	N	B	L	K	E	E	K	S
L	W	F	R	T	A	D	V	E	N	T	T
A	S	E	F	G	U	J	K	L	D	P	N
S	O	L	N	E	M	B	L	U	M	E	B

Zähle nach, wie oft sich folgende Buchstaben im Gitter versteckt haben.

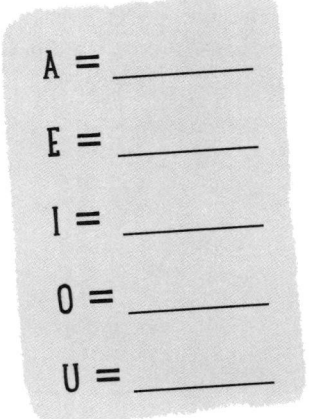

A = _____

E = _____

I = _____

O = _____

U = _____

Finde die Unterschiede

Sieben Dinge fehlen im Bild B. Entdeckst du, welche?

A

B

A **B**

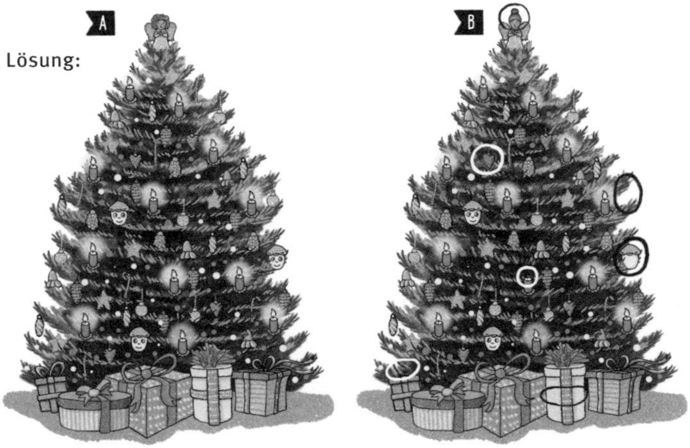

Male diesen Strohstern bunt aus.

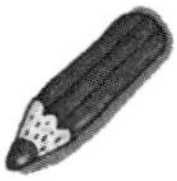

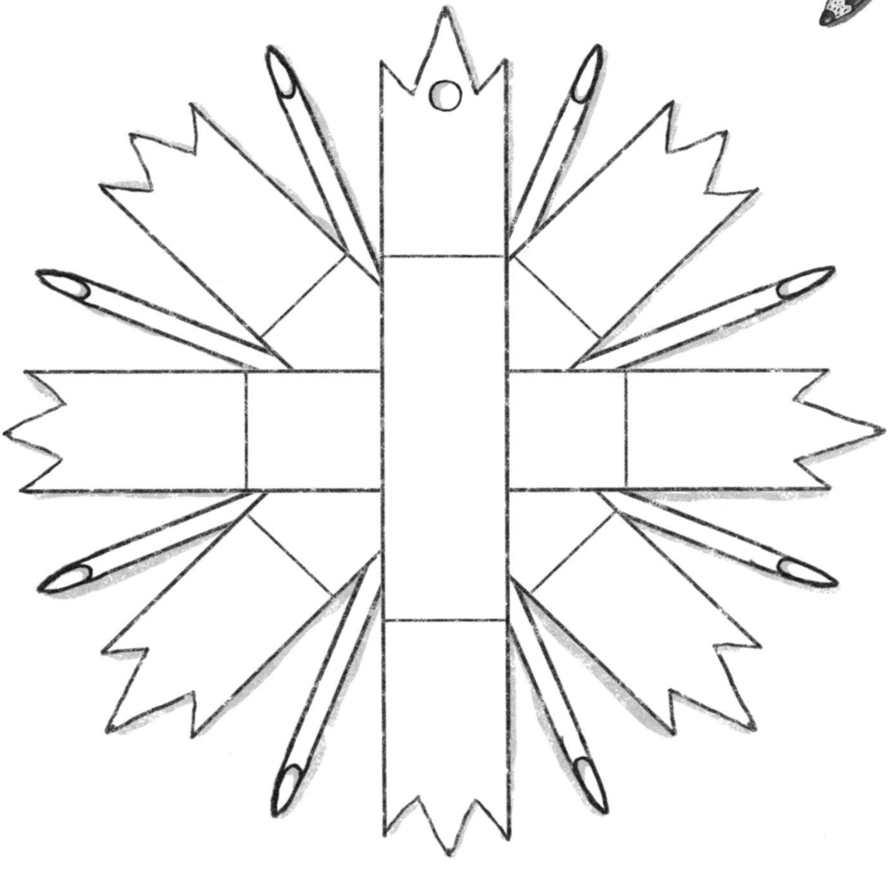

Winter-Wörter

Ordne die Wörter der richtigen Wortart zu und schreibe sie in
die entsprechende Spalte.

Eisregen   spielen   Schneemann

laufen   weiß

                              Eisscholle   lustig

werfen   warm

                     nass

lachen   schieben

         kalt

                                        Schneesturm

Schlittenfahrt

Nomen	Verben	Adjektive

Lösung:

Nomen	Verben	Adjektive
Eisscholle	spielen	kalt
Eisregen	laufen	nass
Schlittenfahrt	lachen	warm
Schneesturm	werfen	lustig
Schneemann	schieben	weiß

Male einen Pinguin auf die Eisscholle.

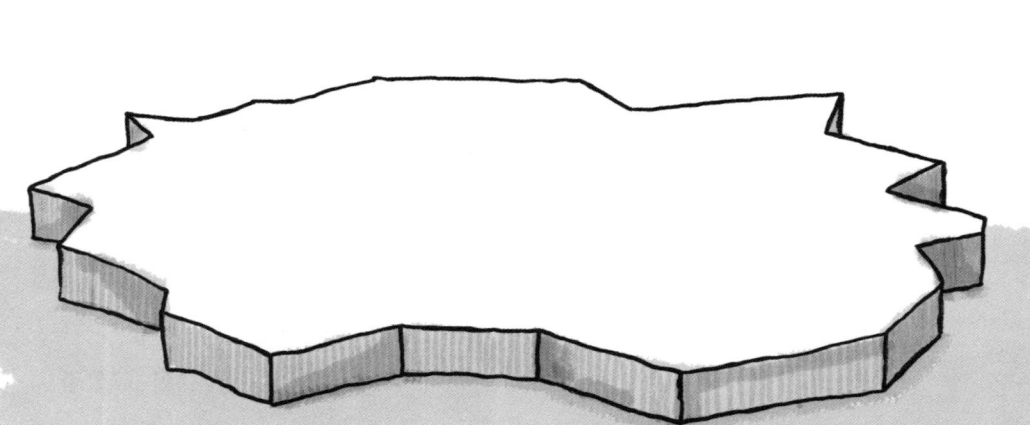

Kalt und schön

Schreibe die Buchstaben aus dem unteren Iglu nach der Reihenfolge der Zahlen aus dem oberen Iglu auf. Welches Wort kannst du dann lesen?

Lösungswort:

W	I	N	T	E	R	S	P	A	Z	I	E	R	G	A	N	G

Was magst du am Winter und was nicht?

Sternhälften

Jeder Stern hat zwei Hälften. Auf der rechten Hälfte steht das Ergebnis
einer Rechenaufgabe. Auf der linken Hälfte steht die Aufgabe,
doch leider fehlt immer eine Zahl. Ergänze die jeweiligen Aufgaben,
damit das richtige Ergebnis herauskommt.

A

$6 \cdot ?$ 36

B

$48 - ?$ 24

C

$8 \cdot ?$ 64

D

$100 - ?$ 72

E

$35 + ?$ 55

F

$10 \cdot ?$ 100

G

$55 - ?$ 15

H

$9 \cdot ?$ 81

Sternenhimmel

Male alle Sterne mit 5 Zacken aus. Wie viele sind das?

Lösung: A = 6 | B = 24 | C = 8 | D = 28 | E = 20 | F = 10 | G = 40 | H = 9

Das große Durcheinander

Im zweiten Teil der Weihnachtsbegriffe sind die Buchstaben durcheinandergeraten. Schreibe die richtige Buchstabenfolge auf.

Beispiel: WEIHNACHTSNAMN **> WEIHNACHTS**MANN

1 **WEIHNACHTS**MUAB **>** _____

2 **CHRISTBAUM**GELUK **>** _____

3 **WEIHNACHTS**LEGEN **>** _____

4 **ADVENTS**DAKRENEL **>** _____

5 **PFEFFER**NECHKU **>** _____

6 **FAMILIEN**BUSCHE **>** _____

7 **KRIPPEN**PIESL **>** _____

8 **NUSS**RACKNEK **>** _____

9 **RÄUCHER**NÄNCHNEM **>** _____

10 **WUNSCH**ETZELT **>** _____

Lösung: 1. **WEIHNACHTS**BAUM | 2. **CHRISTBAUM**KUGEL | 3. **WEIHNACHTS**ENGEL |
4. **ADVENTS**KALENDER | 5. **PFEFFER**KUCHEN | 6. **FAMILIEN**BESUCH | 7. **KRIPPEN**SPIEL |
8. **NUSS**KNACKER | 9. **RÄUCHER**MÄNNCHEN | 10. **WUNSCH**ZETTEL

16

Der Wunschzettel

Denk dir zu jedem Buchstaben des Alphabets ein Geschenk aus,
das du dir zu Weihnachten wünschst.

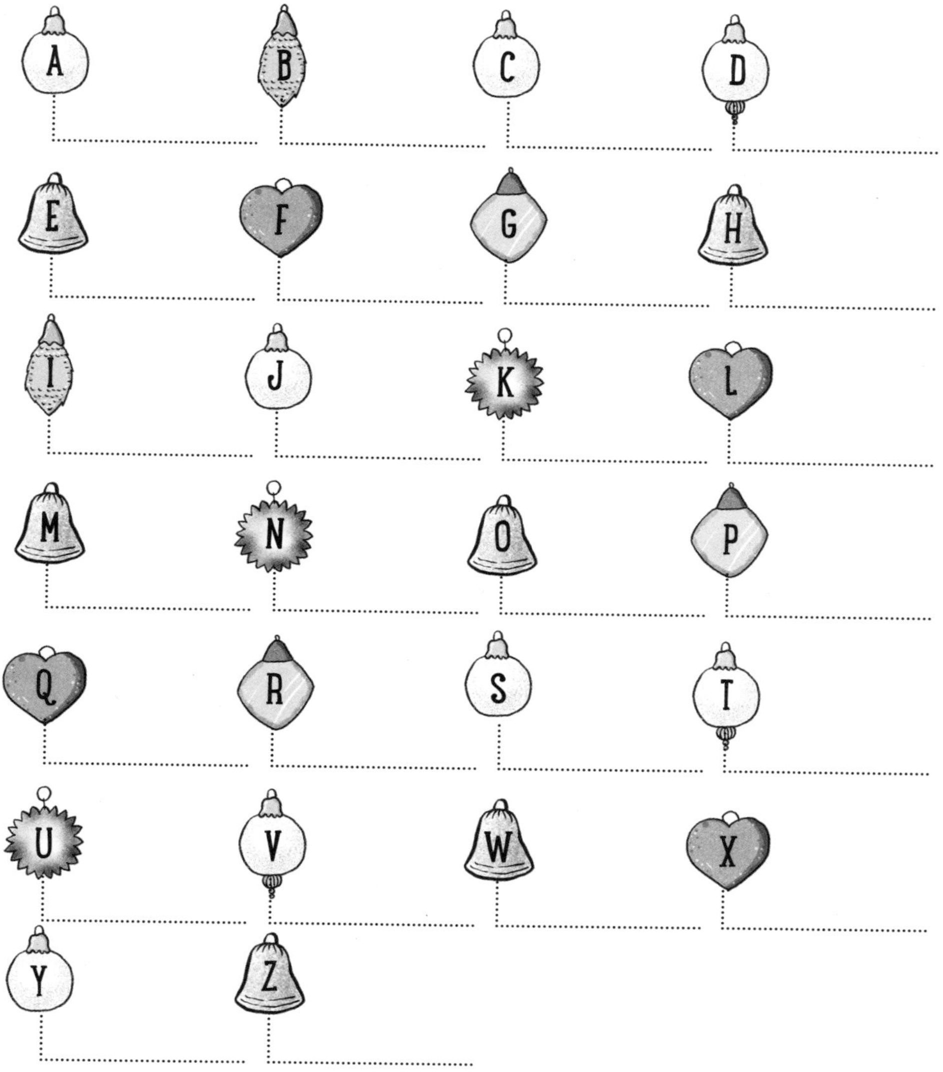

A ....

B ....

C ....

D ....

E ....

F ....

G ....

H ....

I ....

J ....

K ....

L ....

M ....

N ....

O ....

P ....

Q ....

R ....

S ....

T ....

U ....

V ....

W ....

X ....

Y ....

Z ....

Erstaunliche Tiere

Löse die Tierrätsel, indem du die richtige Antwort ankreuzt.

1 **Welches Tier wiegt am meisten?**

○ **a.** Seerobbe
○ **b.** Blauwal
○ **c.** Eisbär
○ **d.** Pinguin

2 **Wie weit können Eisbären Robben riechen?**

○ **a.** über 30 Kilometer
○ **b.** 10 Kilometer
○ **c.** 5 Kilometer
○ **d.** 50 Meter

3 **Welche Tigerart kann auch ein weißes Fell haben?**

○ **a.** Sibirischer Tiger
○ **b.** Bengalischer Tiger
○ **c.** Südchinesischer Tiger
○ **d.** Sumatratiger

4 **Rate, welche Pinguinart erfunden ist?**

○ **a.** Kaiserpinguin
○ **b.** Brillenpinguin
○ **c.** Eselspinguin
○ **d.** Schweinepinguin

5 **Wie groß kann der größte Pinguin werden?**

○ **a.** 30 Zentimeter
○ **b.** 1 Meter
○ **c.** 1,30 Meter
○ **d.** 2,50 Meter

6 **Wie heißt die größte Robbenart?**

○ **a.** See-Elefant
○ **b.** Walross
○ **c.** Seehund
○ **d.** Kegelrobbe

Lösung: 1b = Ein Blauwal kann 190 Tonnen wiegen, so viel wie 2.700 Menschen.

2a = Eisbären können extrem gut und aus bis zu 32 Kilometer Entfernung ihre Beute riechen.

3b = Der Bengalische Tiger (auch Indischer oder Königstiger genannt) kann manchmal auch ein weißes Fell haben.

4d = Den Schweinepinguin gibt's nicht.

5c = So groß kann der Kaiserpinguin werden.

6a = Der See-Elefant ist die größte Robbenart. Ein Bulle kann bis zu 6,5 Meter lang werden.

Männlich schwer

Rechne aus, wie schwer ein männlicher See-Elefant werden kann.
(Die Weibchen werden übrigens nur 3,5 Meter lang und wiegen „nur" 900 Kilogramm.)

3 + 2 + 7 + 9 + 6 + 4 + 4 =

Hänge dem Ergebnis zwei Nullen an, dann weißt du, wie schwer ein See-Elefanten-Bulle werden kann.

_____ _____ _____ **Kilogramm**

Lösung: 3.500 Kilogramm

Weihnachtskonzert

In der Schule spielt das Orchester ein Weihnachtskonzert.
Kennst du alle Instrumente? Schreibe die Namen unter die Bilder.

a

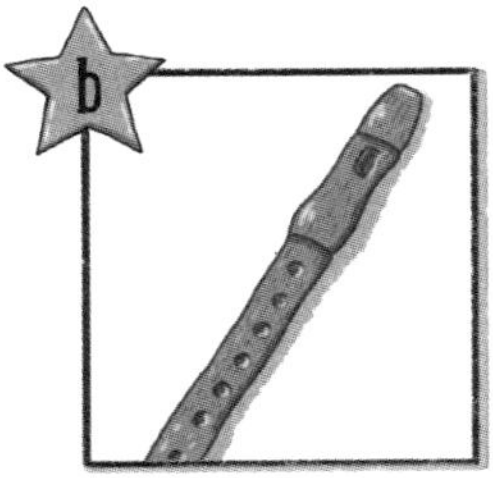

b

c

d

e

f

g

h

i

Male einen Weihnachtsengel.

Futtersuche

Erwin, das Eichhörnchen, muss durch das Labyrinth,
um an sein Futterversteck zu kommen. Hilf ihm und
male den richtigen Weg ins Labyrinth.

Male das Eichhörnchen aus.

Lösung:

In der Weihnachtswerkstatt

Ordne jeden Werkstoff einem Geschenk zu, das daraus hergestellt wird.
Verbinde die beiden Begriffe mit einem Strich.

Material	Geschenk
Wolle	Möbel
Stoff	Bausteine
Gummi	Bild
Metall	Kleid
Farbe	Ball
Holz	Buch
Plastik	Auto
Papier	Pullover

Schreibe auf, was du deinen Liebsten zu Weihnachten schenkst.

Mama: _____

Papa: _____

_____

_____

_____

_____

_____

_____

_____

_____

Feiertage

Kreuze die Feiertage oder Ereignisse an, die im Winter liegen.

○ Advent

○ Sankt Martin

○ Nikolaus

○ Ostern

○ Einschulung

○ Weihnachten

○ Silvester

○ Pfingsten

○ Erntedankfest

○ Karneval oder Fasching

Male eine Schneemann-Familie

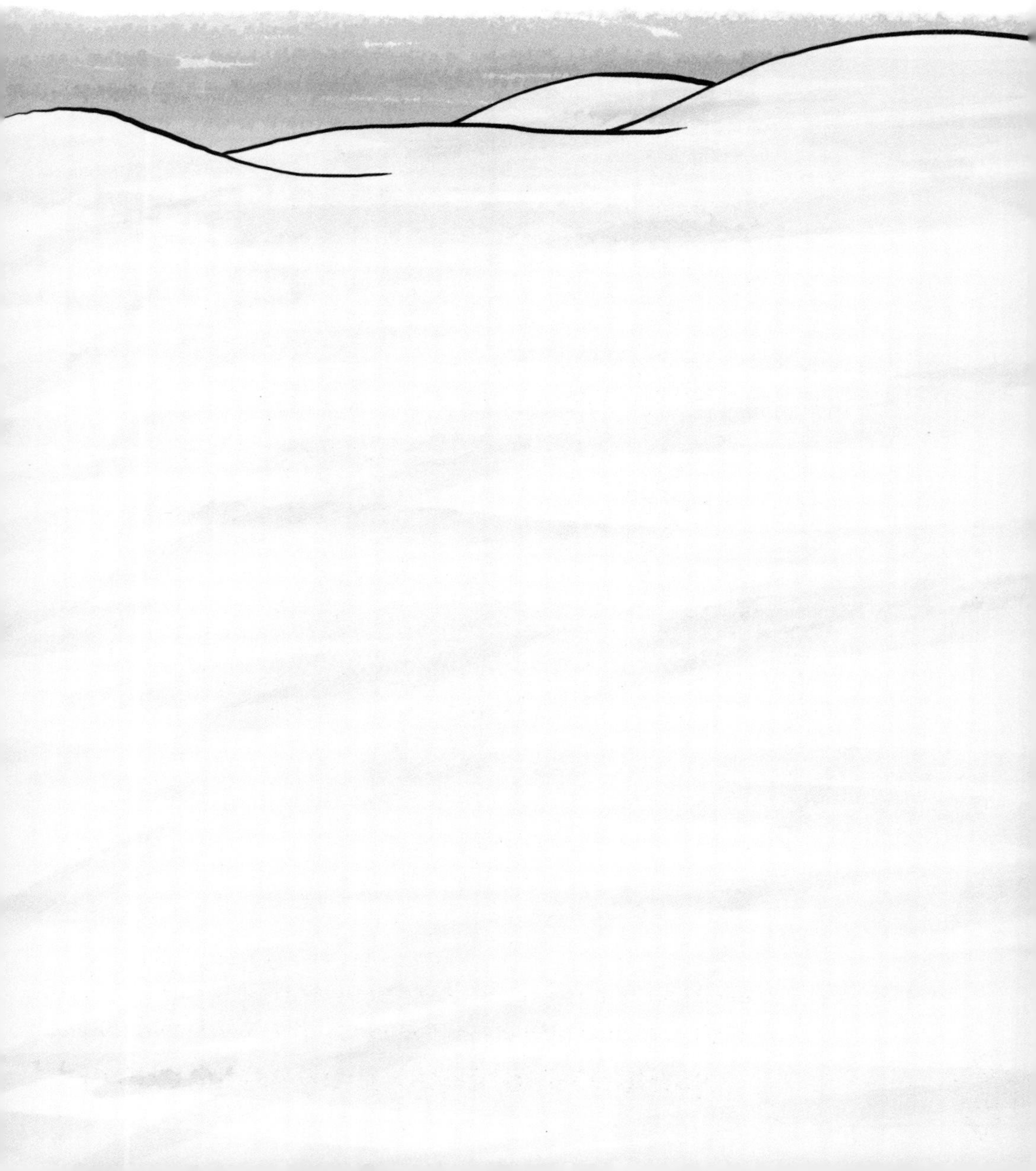

Osterhasis Tannenbaumschmuck

Osterhasi wollte unbedingt den Weihnachtsbaum schmücken.
Jetzt weißt du auch, warum: Er hat sechs Ostersachen an den
Baum gehängt. Kreise sie ein.

Male lustige Anhänger für den Weihnachtsbaum.

Schneegewimmel

Auf dieser Seite kannst du ganz oft das Wort **SCHNEE** lesen.
Dazwischen steht das dazugehörige Verb. Wie heißt es und wie oft
kannst du es erkennen? Und wer hat sich heimlich mitten ins
Schneegewimmel geschmuggelt?

SCHNEE SCHNEE SCHNEE SCHNEE SCHNEE SCHNEE SCHNEE
SCHNEE schneien SCHNEE SCHNEE schneien SCHNEE SCHNEE
SCHNEE SCHNEE SCHNEE SCHNEE SCHNEE SCHNEE SCHNEE
SCHNEE SCHNEE STERN schneien SCHNEE SCHNEE SCHNEE
SCHNEE SCHNEE SCHNEE SCHNEE schneien SCHNEE SCHNEE
SCHNEE SCHNEE schneien SCHNEE SCHNEE

Tuwort: _____ -mal _____

Winterwitze

Eine Schnecke kriecht im Winter einen Apfelbaum hoch. Ein Vogel sagt zu ihr: „Bist du doof, da hängen doch jetzt gar keine Früchte dran!" Die Schnecke antwortet: „Doch, wenn ich oben bin, schon."

Ein Angler sitzt an einem eiskalten Sonntag mit dicken Backen schmerzverzerrt am See. Kommt ein Spaziergänger vorbei und fragt, ob er Zahnschmerzen habe. Der Angler antwortet: „Nein, aber irgendwie muss ich die Würmer ja auftauen."

Fliegen zwei Engel am wolkenlosen Winterhimmel. Fragt der eine den anderen: „Weißt du, wie morgen das Wetter wird?" Der andere: „Total wolkig!" Der erste Engel freut sich: „Super, dann können wir uns endlich mal wieder hinsetzen."

Der Sohn beschwert sich Silvester bei seinem Vater: „Papa, die Feuerwerkskörper funktionieren nicht!" Der Vater antwortet: „Komisch, ich habe doch alle ausprobiert …"

Warme Füße

Wem gehören welche Hausschuhe?
Schreibe die Namen unter die Hausschuhe.

Cara hat kleinere Füße als Tobi,
aber größere als Maja.
Linus hat kleinere als Cara,
aber er hat nicht die kleinste Schuhgröße.

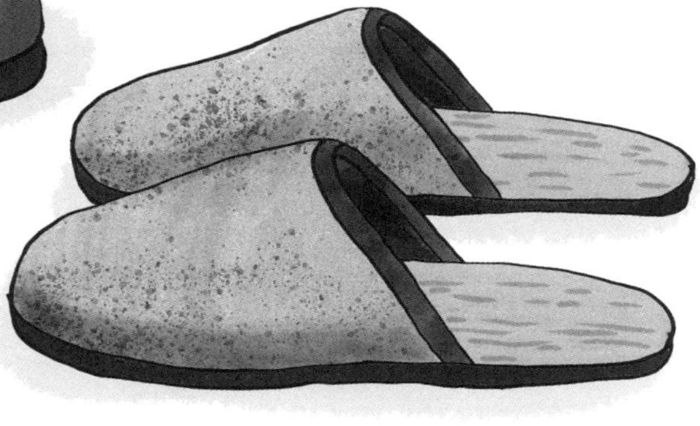

_____

_____

_____

_____

Lösung:

MAJA   LINUS   CARA   TOBI

Male deine kuschligen Winterhausschuhe.

Mehr oder weniger?

Zähle in jedem Feld die Motive und schreibe ihre Anzahl in den dazugehörigen Kreis.
Vergleiche dann die Mengen in den nebeneinanderstehenden Feldern.
Befindet sich in dem linken Feld mehr (>) oder weniger (<) als in dem rechten Feld? Oder sind die Mengen in beiden Feldern etwa gleich groß (=) ? Kreise das richtige Symbol ein.

A

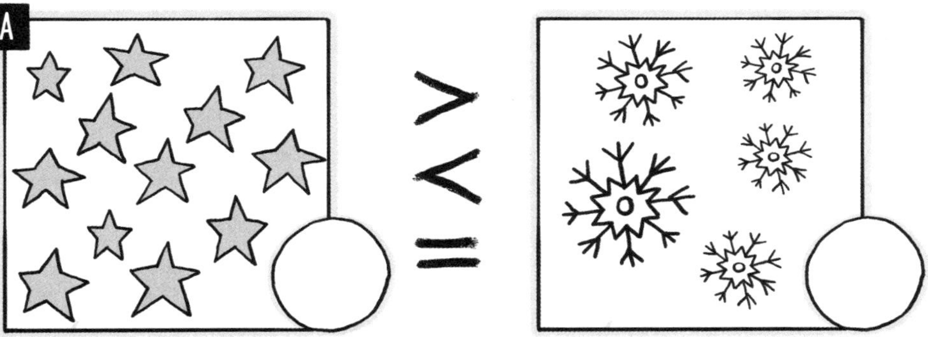

B

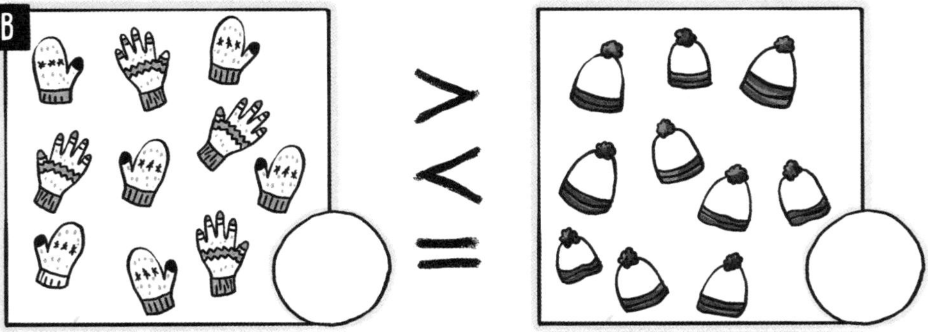

C

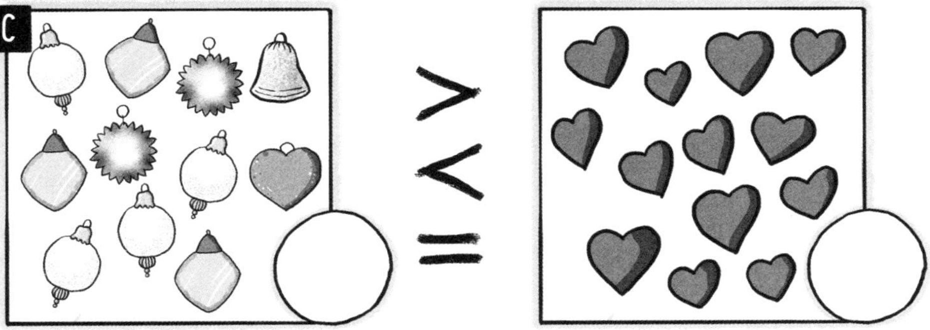

Wer hat mehr gebacken?

Nina und Lisa haben Plätzchen gebacken. Setze zwischen den einzelnen Plätzchensorten das Kleiner- (<) oder Größer-Zeichen (>) ein.
Zum Schluss rechne aus, wer mehr Plätzchen insgesamt gebacken hat.

NINA

12 Herzen

10 Nusstaler

9 Vanille-Kipferl

8 Makronen

5 Lebkuchen

=

LISA

13 Herzen

7 Nusstaler

12 Vanille-Kipferl

6 Makronen

4 Lebkuchen

=

Lösung: Nina: 44; Lisa: 42. Nina hat mehr Plätzchen gebacken.

Wintersportarten

Welche Sportarten passen zum Winter? Kreise diese ein.

Skilanglauf

Schwimmen

Tennis

Kegeln

Skispringen

Speerwerfen

Biathlon

Golf

Radfahren

Eishockey

Curling

Eisangeln

Rennrodeln

Schach

Wasserski

Snowboard

Kugelstoßen

Eisschnelllauf

Eiskunstlauf

Lösung:

Skilanglauf

Schwimmen

Tennis

Kegeln

Speerwerfen

Biathlon

Skispringen

Golf

Radfahren

Eishockey

Eisangeln

Curling

Rennrodeln

Schach

Wasserski

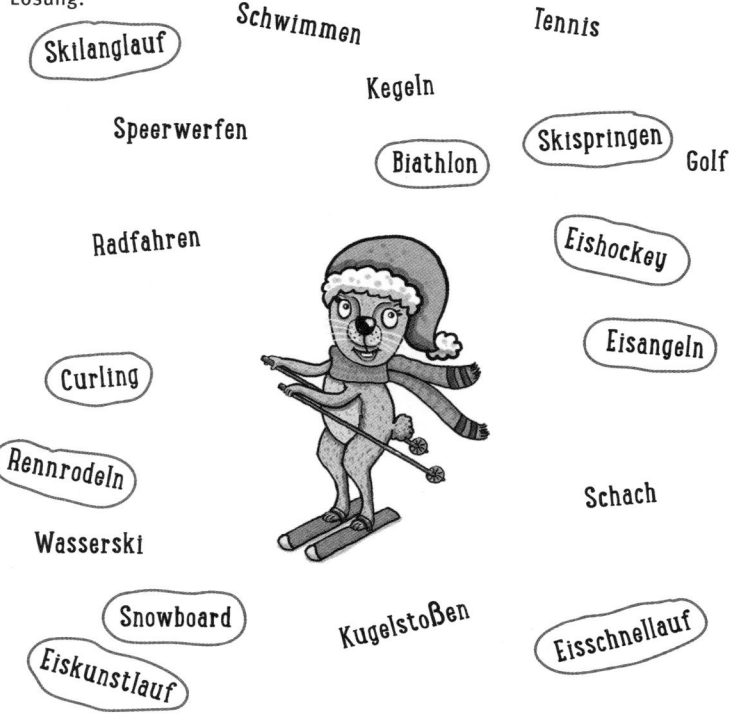

Snowboard

Kugelstoßen

Eisschnellauf

Eiskunstlauf

Welche Wintersportarten magst du?

⭐ 1 _____

⭐ 3 _____

⭐ 4 _____

⭐ 5 _____

⭐ 6 _____

Formen-Sudoku

Jedes Bild darf in jeder Zeile, in jeder Spalte und in jedem dick umrandeten Quadrat nur einmal vorkommen.

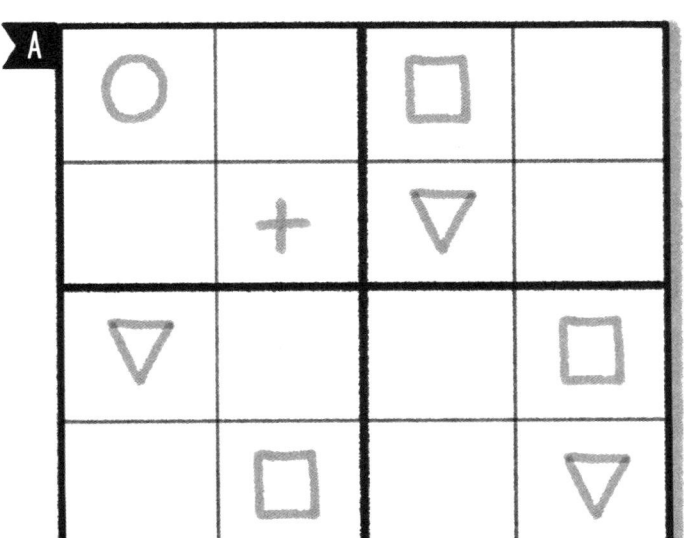

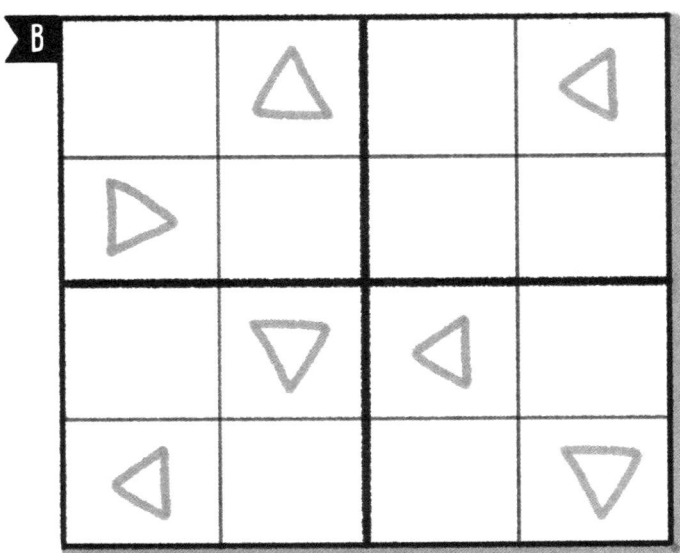

Lösung: a.

○	▽	□	+
▯	+	▽	○
▽	○	+	□
+	□	○	▽

b.

▽	△	▷	◁
▷	◁	▽	△
△	▽	◁	▷
◁	▷	△	▽

Male in jedes Feld eine andere Form oder ein anderes Bild.

Äpfel gegen Birnen

Rechne die Aufgaben auf den Äpfeln und Birnen aus und zähle dann
die Ergebnisse der Äpfel und der Birnen zusammen.
Welche Obstsorte wiegt mehr?

$4 \cdot 4 =$

$20 + 17 =$

$3 \cdot 7 =$

$14 + 18 =$

$53 - 14 =$

$12 : 4 =$

$99 - 33 =$

$15 : 5 =$

$7 + 8 =$

$5 \cdot 3 =$

$7 + 5 =$

$4 \cdot 4 =$

Lösung: Äpfel: 16 + 37 + 39 + 3 + 15 + 15 = 125 | Birnen: 21 + 32 + 66 + 3 + 12 + 16 = 150
Die Birnen wiegen mehr.

Male einen Apfel und eine Birne.

Festtagskleidung

An Heiligabend zieht sich die Familie immer ganz festlich an.
Wem fehlt noch welches Kleidungsstück?
Verbinde mit einem Strich.

Weihnachtswitze

„Ach, Omi, die Trommel von dir war wirklich mein schönstes Weihnachtsgeschenk." „Tatsächlich?" freut sich Omi. „Ja, Mami gibt mir jeden Tag fünf Euro, wenn ich nicht darauf spiele!"

Blöd und Blödchen treffen sich auf dem Weihnachtsmarkt. Sagt Blöd: „Dieses Jahr ist Weihnachten an einem Freitag." Blödchen erwidert: Hoffentlich nicht an einem 13.!"

Am Tag vor Heiligabend sagt das kleine Mädchen zu seiner Mutter: „Mami, ich wünsche mir zu Weihnachten ein Pony!" Darauf die Mutter: „Na gut, mein Schatz, morgen Vormittag gehen wir zum Friseur."

Blöd hat zu Weihnachten eine Thermosflasche bekommen: „Prima, so eine Thermosflasche! Im Winter hält sie den Tee warm und im Sommer die Limonade kalt." Darauf fragt Blödchen: „Aber woher weiß die Thermosflasche, wann Winter und wann Sommer ist!"

Eisschollenhüpfen

Der kleine Eisbär will zu seiner Mama schwimmen und sich zwischendurch öfter mal ausruhen. Aber nur die Eisschollen mit Zahlen aus der Achter-Reihe tragen ihn. Zeichne seinen Weg nach.

8   12   6   15   17

9   7   14   11   16   10

21   24   23   26   25   28

32   30   38   35   40   37

21   43   46   41   48

55   56   51   52   57   50

69   63   66   68   64   65

71   75   73   78   70   74   72

80

Lösung: 8–16–24–32–40–48–56–64–72–80

Fisch fangen

Welcher Eisbär fängt den Fisch? Kreise ihn ein.

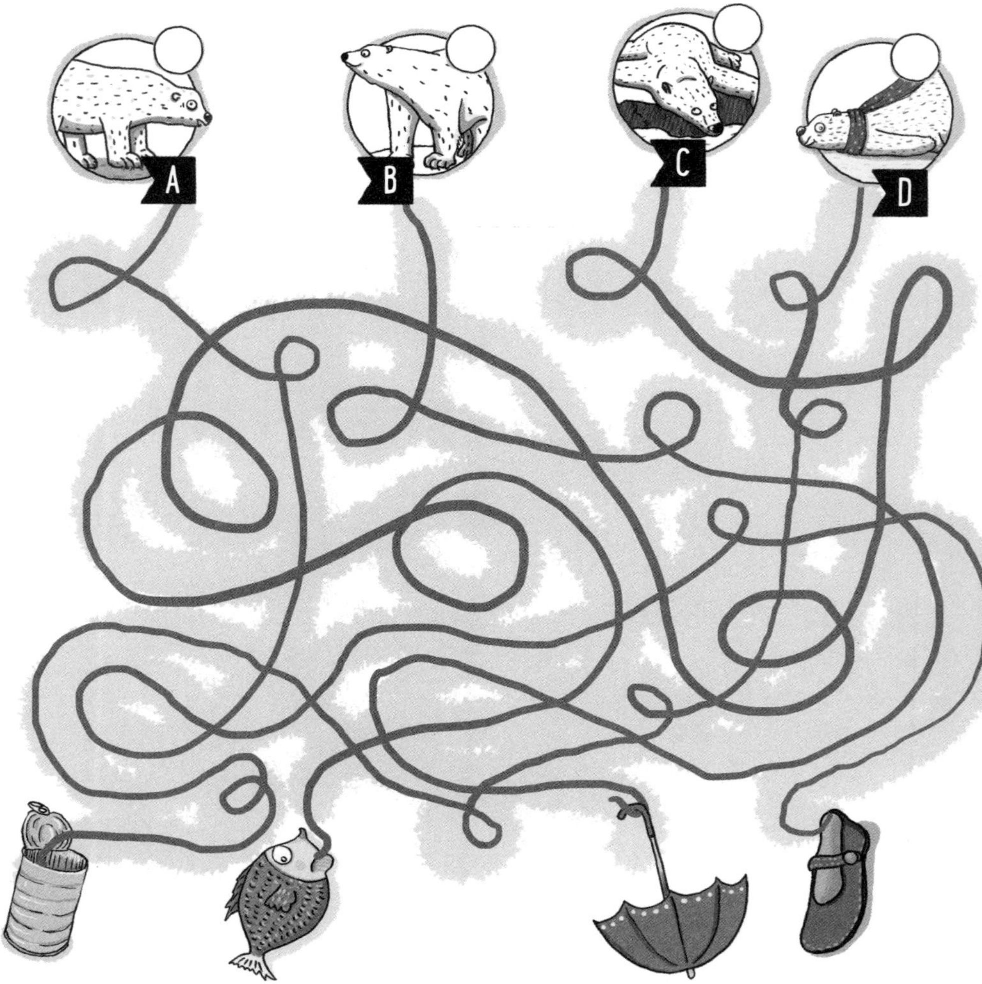

Lösung: C

Winter-Quiz

Rate, welche Antworten richtig sind.

1 Wie nennt man ein Haus aus Schnee?

- a. Kajak
- b. Iglu
- c. Anorak

2 Welcher Baum verliert im Winter seine Nadeln?

- a. Tanne
- b. Lärche
- c. Fichte

3 Was kann mit Seen passieren, wenn es draußen richtig kalt ist?

- a. Sie fangen an zu schäumen.
- b. Sie blubbern vor Kälte.
- c. Sie frieren zu.

4 Was bereitet man besonders in der Winterzeit gern zu Hause zu?

- a. Plätzchen
- b. Eis
- c. Kartoffelpüree

5 Was ist keine typische Wintersportart?

- a. Skifahren
- b. Snowboarden
- c. Schwimmen

6 Welches dieser Tiere gibt es nicht?

- a. Schnee-Eule
- b. Polar-Igel
- c. Eisvogel

7 Was ist ein „Schnee-Engel"?

- a. der Begleiter vom Christkind
- b. ein Abdruck im Schnee, der die Form eines Engels hat
- c. ein weißer Schmetterling

8 Wie kann man einen Schlitten auch nennen?

- a. Rodel
- b. Buggy
- c. Board

Male die Eule aus.

Bilderrechnen für Könner

Finde heraus, für welche Zahlen die Bilder stehen,
und rechne die letzte Aufgabe aus.

🧤 + 🧤 + 🧤 = 30

🧤 + 👢 + 👢 = 20

👢 + 🎩 + 🎩 = 9

🧤 + 👢 - 🎩 = ___

🧤 = ___ ___ 🎩 = ___ 👢 = ___

Lösung:

 + 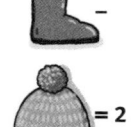 − 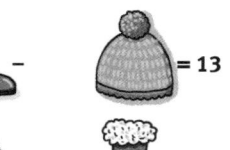 = 13

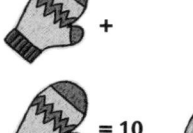 = 10    = 2   = 5

Male dem Handschuh ein buntes Muster an.

Teesorten

Ein Kräutertee hilft im Winter zum Wärmen und Gesundwerden.
Welche Sorten gibt es nicht? Kreuze an.

In der Teestube

Nach einem Spaziergang im Schneewald gehen Niklas, seine Eltern und seine beiden Geschwister mit Hund Maxi zum Aufwärmen in eine Teestube. Dort bestellt sich jeder Zweibeiner einen Tee und jeder bekommt zwei Kekse, auch Maxi. Wie viele Tees und wie viele Kekse werden bestellt?

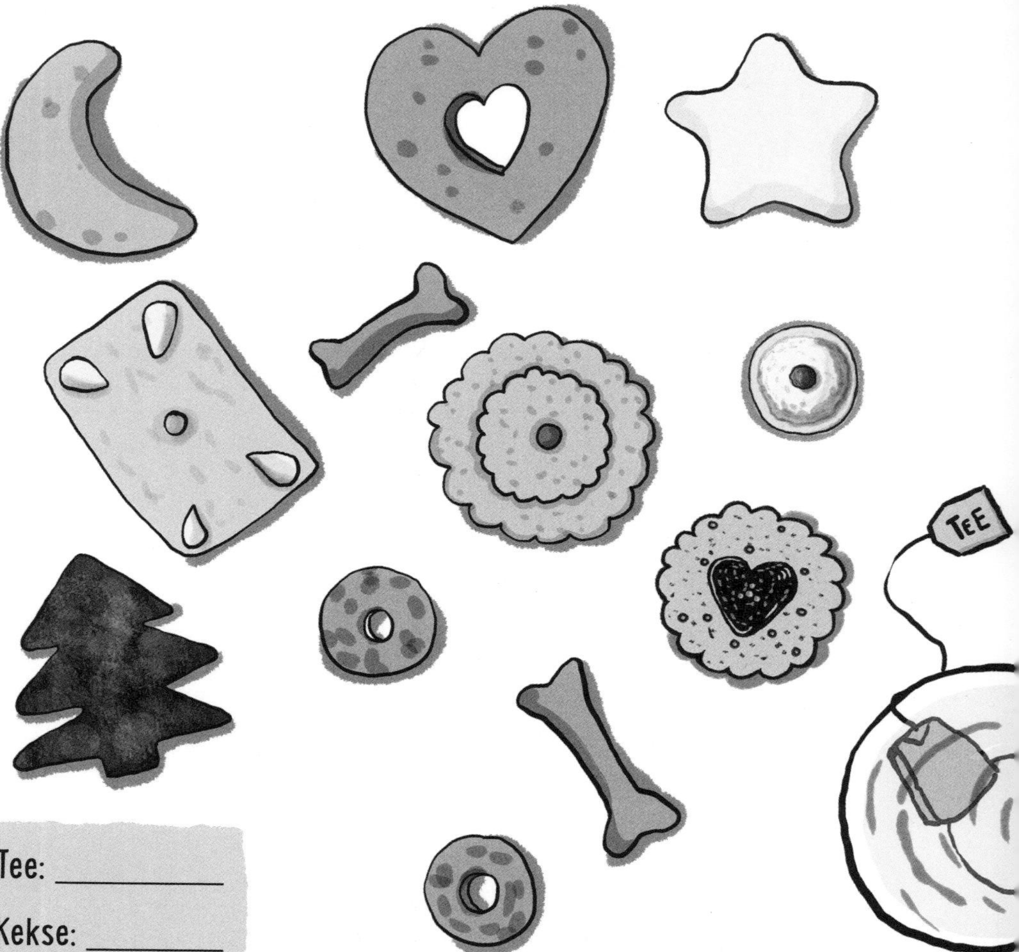

Tee: _____

Kekse: _____

Schlittenfahrt

Welcher Schlitten war am schnellsten im Ziel? Zähle die Zahlen in den
jeweiligen Spuren zusammen. Der Schlitten mit der kleinsten Zahl gewinnt.

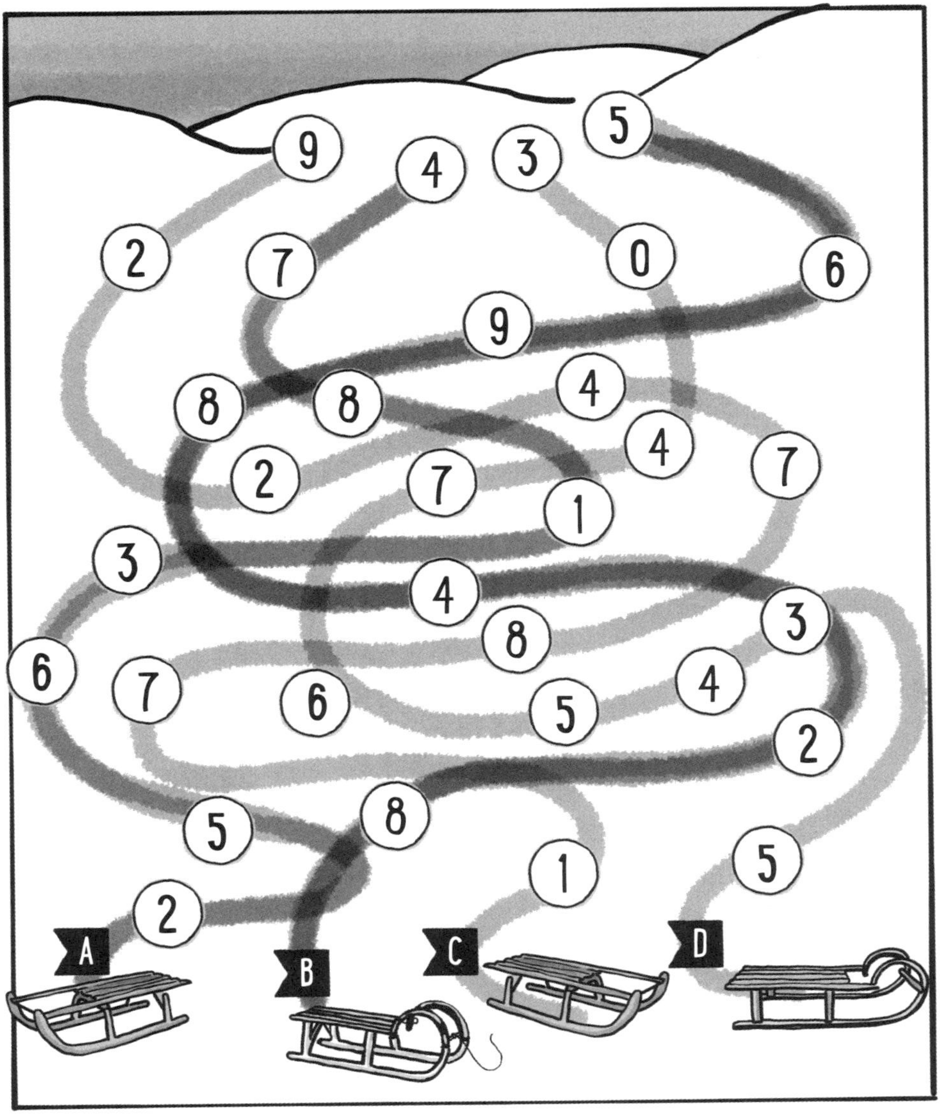

Lösung: 1. D = 34 | 2. A = 36 | 3. C = 40 | 4. B = 45

Kreise dein Lieblings-Wintersportgerät ein.

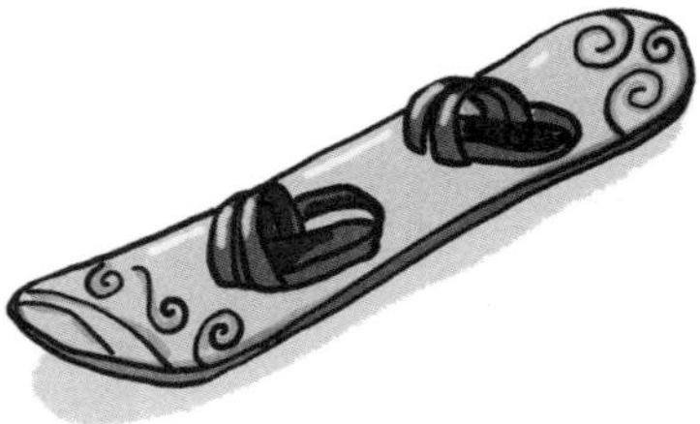
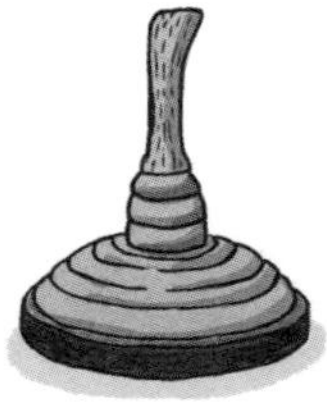
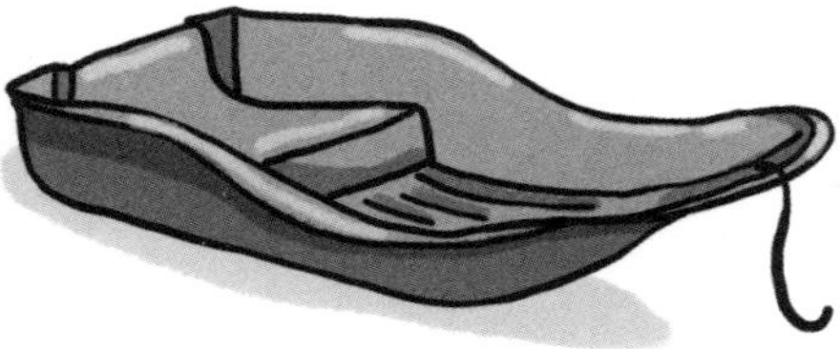
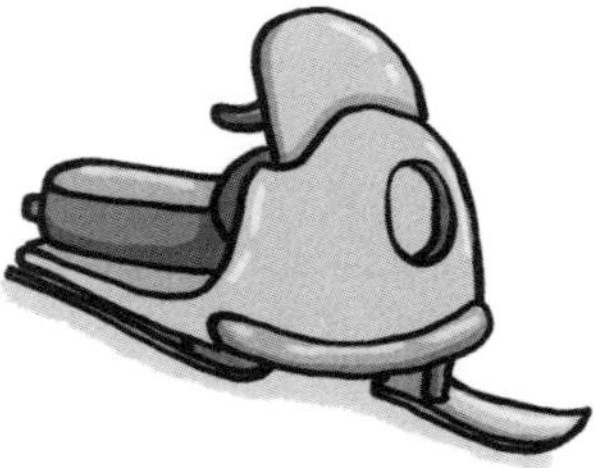
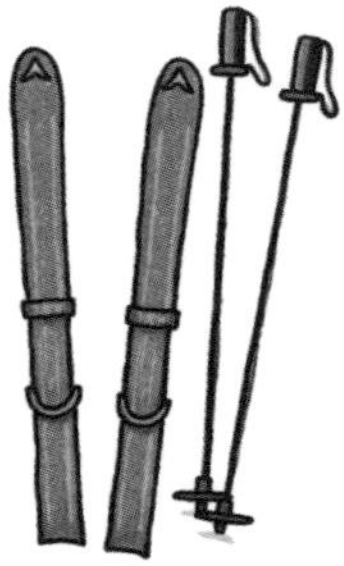
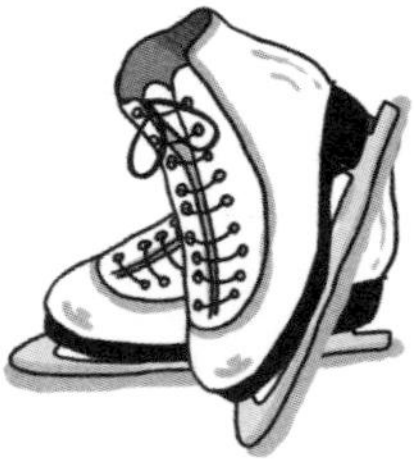
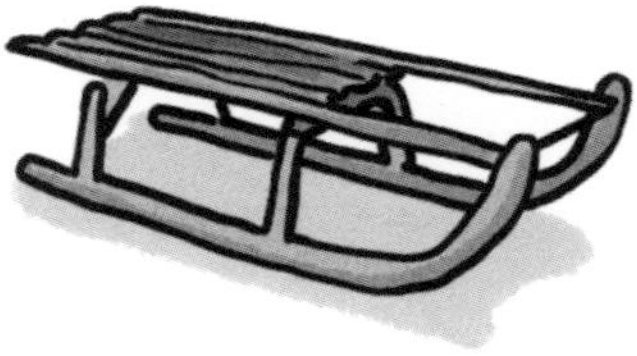

Das Riesenrad

Das zweite Bild des Riesenrads unterscheidet sich in acht Dingen vom ersten Bild. Kannst du sie sehen?

Was magst du am Weihnachtsmarkt besonders?

Schreibe mindestens sechs Attraktionen oder Köstlichkeiten auf, die dort zu finden sind.

⭐ 1 _____

⭐ 2 _____

⭐ 3 _____

⭐ 4 _____

⭐ 5 _____

⭐ 6 _____

⭐ 7 _____

⭐ 8 _____

⭐ 9 _____

⭐ 10 _____

Was gehört zusammen?

Verbinde mit einem Strich die zueinander passenden
Nomen und Verben.

Geschenke

werfen

Plätzchen

anzünden

Tannenbaum

backen

Kerzen

putzen

Weihnachtskrippe

anziehen

Stiefel

aufbauen

Wintersachen

auspacken

Schneeball

schmücken

Lösung: Geschenke auspacken | Plätzchen backen | Tannenbaum schmücken | Kerzen anzünden |
Weihnachtskrippe aufbauen | Stiefel putzen | Wintersachen anziehen | Schneeball werfen

56

Male die Weihnachtskrippe weiter.

Volkslied

Schreibe unten für jede Zahl den entsprechenden Buchstaben aus
dem Zahlenalphabet. Du kannst auch die Tabelle vorn im Block benutzen.
So bekommst du raus, welches Lied gesucht wird.

5, 19 = ___ ___

23, 1, 18 = ___ ___ ___

5, 9, 14, 5 = ___ ___ ___ ___

13, 21, 20, 20, 5, 18 = ___ ___ ___ ___ ___ ___

4, 9, 5 = ___ ___ ___

8, 1, 20, 20, 5 = ___ ___ ___ ___ ___

22, 9, 5, 18 = ___ ___ ___ ___

11, 9, 14, 4, 5, 18 = ___ ___ ___ ___ ___ ___ .

Winterurlaub

In welchen 4 Ländern kann man nicht gut Skiferien machen,
weil dort sehr selten oder nie Schnee fällt?
Kreise diese Länder ein.

AUSTRALIEN

ITALIEN

BRASILIEN

DEUTSCHLAND

MAROKKO

ÖSTERREICH   RUSSLAND

SCHWEDEN   THAILAND

SCHWEIZ

Zwilling gesucht

Nur ein Bild in der Reihe sieht genauso aus wie das im Kasten.
Kreise es ein.

A 1 2 3 4 5

B 1 2 3 4 5

C 1 2 3 4 5

D 1 2 3 4 5

Male den Weihnachtsstern aus.

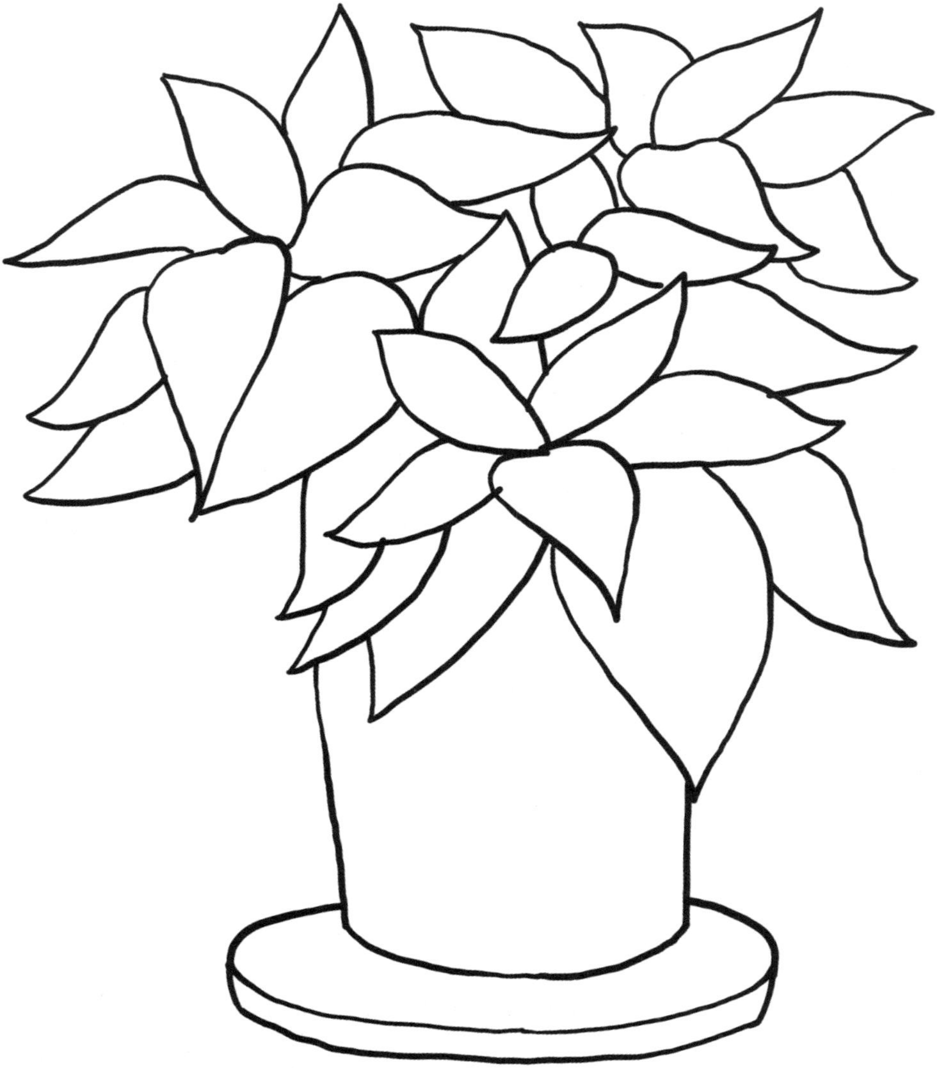

Winter – Sommer

Finde zu jedem Winterbegriff das Gegenteil im Sommer.

kalt

Schwitzen

Punsch

Surfbrett

Stiefel

Wollmütze

Eistee

Badehose

Schlittschuhfahren

warm

Schneehose

Frieren

Sandalen

Baden

Snowboard

Strohhut

Male das Snowboard cool an.

Kreuz und quer

Löse das Kreuzworträtsel.
Schreibe Zahlen als Wort.

1. Wie heißt die Mutter von Jesus?
2. Auf welche Tiere passen die Hirten auf?
3. Was weist den Königen den Weg zum Geburtsort von Jesus?
4. Wie viele Könige besuchen Jesus?
5. Auf welchem Tier reitet Maria?
6. Welches Tier steht im Stall, in dem Jesus geboren wurde?
7. Wie viele Adventssonntage gibt es?
8. Wer kommt am 6.12.?
9. Was stellt man am 6.12. vor die Tür?
10. Wie nennt man den 24.12.?

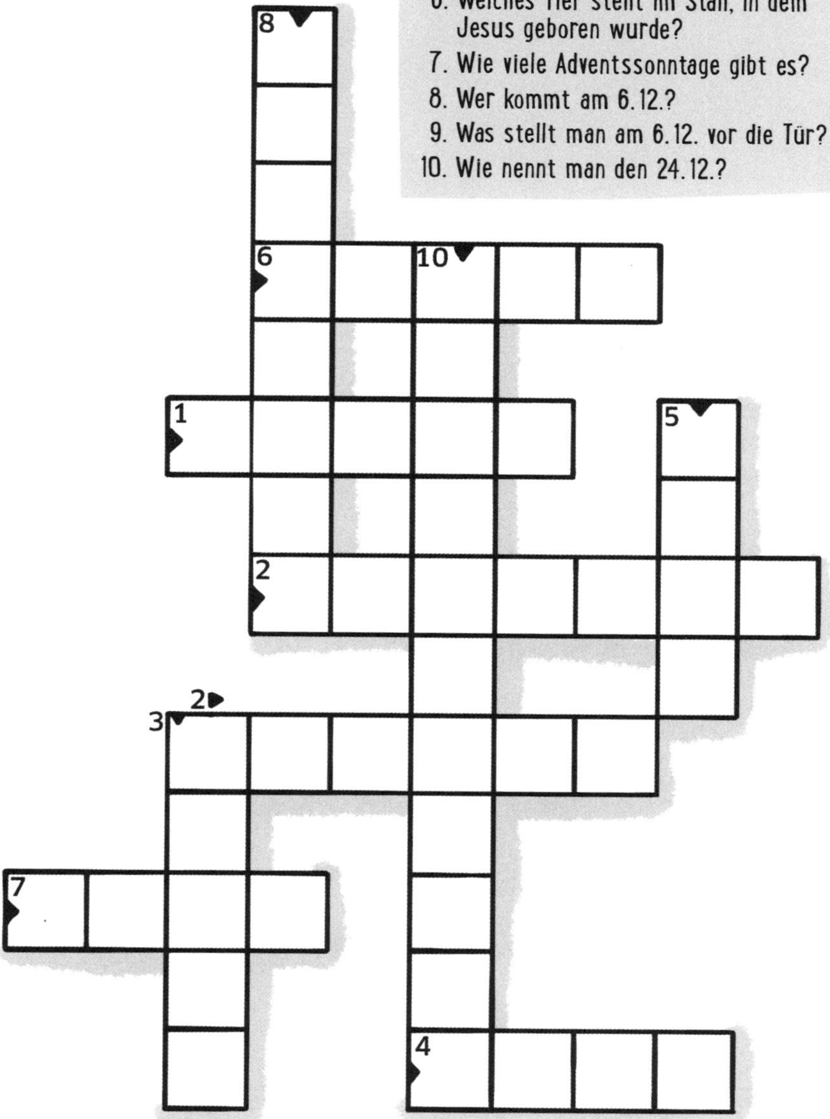

Lösung:

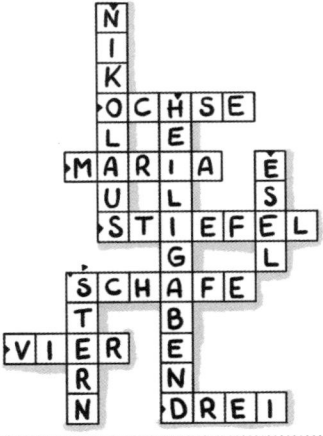

Familienfeier

Am ersten Weihnachtstag kommt die ganze Verwandtschaft der Pöppenhussels zu Besuch. Die Eltern Karsten und Anja mit Tochter Marie empfangen zuerst Tante Babsi und Onkel Mario mit Sohn Angelo. Natürlich sind auch Oma Renate und Opa Herbert da. Später kommen noch Oma Hiltrud und der lustige Stiefopa Horst mit Bernhardiner Fussel vorbei, der sich sofort unter den Tisch legt und auf Kuchenkrümel hofft.
Wie viele Leute sind jetzt im Haus Pöppenhussel?
Und wie viele Beine sind insgesamt unter dem Kaffeetisch?

	PERSONEN
	BEINE

Achtung, Eule im Anflug!

Verbinde nur die ungeraden Zahlen miteinander und du kannst sehen, wer sich vor Eulen hüten sollte, wenn er nicht gefressen werden will.

Lösung:

Male ganz viele Eulen auf den Baum.

Der, die, das

Trage die Nomen in die Spalte mit dem richtigen Artikel ein.

Aschenputtel * Baumkugel * Christkind * Eiskönigin * Eisschnelllauf * Engel * Gretel * Hexe * Fichte * Krippe * Märchen * Marzipan * Plätzchen * Schneeball * Socke * Tannenbaum * Vogelhäusche * Weihnachtslied * Weihnachtsmarkt * Wettkampf * Winter

der	die	das

Oh!

Lösung:

der	die	das
Eisschnelllauf	Baumkugel	Aschenputtel
Engel	Eiskönigin	Christkind
Schneeball	Fichte	Märchen
Tannenbaum	Gretel	Marzipan
Weihnachtsmarkt	Hexe	Plätzchen
Winter	Krippe	Vogelhäuschen
Wettkampf	Socke	Weihnachtslied

Male einen Wald mit vielen Bäumen.

Weihnachten in Australien

Australien ist ein eigener Kontinent, weit weg
von uns auf der Südhalbkugel der Erde. Dort wird
Weihnachten ganz anders gefeiert als bei uns,
oder etwa nicht?
Rate, welche Behauptungen wahr sind, und kreuze diese an.

1
a. **Ganz Australien liegt an Weihnachten unter einer hohen Schneedecke.** ◯

b. **An Heiligabend sind oft mehr als 35 °C.** ◯

2
a. **Der Weihnachtsmann heißt dort Santa Claus.** ◯

b. **Nein, er wird der Heilige Aussi genannt.** ◯

3
a. **Die Bescherung findet dort wie bei uns am Abend des 24.12. statt.** ◯

b. **Die Geschenke findet man am Morgen des 25.12. vor.** ◯

4
a. **Heiligabend isst man dort gern Putenbraten.** ◯

b. **Australier sind alle Vegetarier und essen nur Gemüse.** ◯

5
a. **Weil es keine Tannen gibt, werden in Australien geschmückte oder aufblasbare Plastiktannen-bäume aufgestellt.** ◯

b. **Australier schnitzen sich traditionell ihren Weihnachtsbaum aus Holz und schmücken ihn dann.** ◯

6
a. **Der Weihnachtsmarkt in der Hauptstadt Sydney, mit Schmalzgebäck und Punsch, ist weltberühmt.** ◯

b. **Quatsch, den gibt es doch gar nicht. Nur eine große Weihnachtsparade an Heiligabend.** ◯

Male, wie das Känguru Weihnachten feiert.

Der größte Schneemann

Je länger man die Schneekugeln im Schnee rollt, desto größer werden sie.
Zähle die Zahlen auf den jeweiligen Wegen zusammen, und du weißt,
wer den größten Schneemann gebaut hat. Kreuze den Namen an.

9

7

2

0

9

5

4

11

8

2

8

10

8

0

8

9

6

7

6

6

12

5

1

3

6

4

JULE

MALTE

NINA

Lösung: Den größten Schneemann hat Jule (54) gebaut. Zweitgrößter ist der von Malte (47),
und der kleinste kommt von Nina (41).

Augen – Nase – Mund

Jedes der fünf Försterkinder will einen Schneemann bauen. Sie holen
je zwei Knöpfe für die Augen, je eine Karotte als Nase, je sechs kleine
Steinchen für den Mund und je drei größere Steinchen für den Bauch.
Wie viele von jeder Sorte haben sie insgesamt besorgt?

Knöpfe 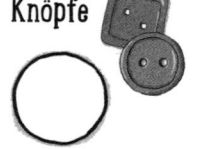 **Karotten**  **Kleine Steinchen**  **Größere Steinchen**

Winterwörter

Verbinde immer zwei zueinandergehörende Wortteile mit einem Strich.

Nuss

ball

eis

knaller

Schnee

knacker

stiefel

Weihnachts

Glatt

kalender

Wunsch

Silvester

kugel

Advents

liste

Winter

Winterfarben

Weiß, Silber und Blau sind Winterfarben.
Schreibe zu jeder Farbe sechs Dinge auf.

	Weiß	**Silber**	**Blau**
A			
B			
C			
D			
E			
F			

Ah!

Weihnachtskugeln

Osterhasi will seinen Weihnachtsbaum schmücken. Weil seine Glückszahl die 9 ist, hängt er nur die Weihnachtskugeln mit einer Zahl auf, die durch 9 teilbar ist. Male diese Kugeln an.

89 90 45

70 18 19 82

63 9

36 35 21 24

13 54 27

Male schöne Muster auf die Weihnachtskugeln.

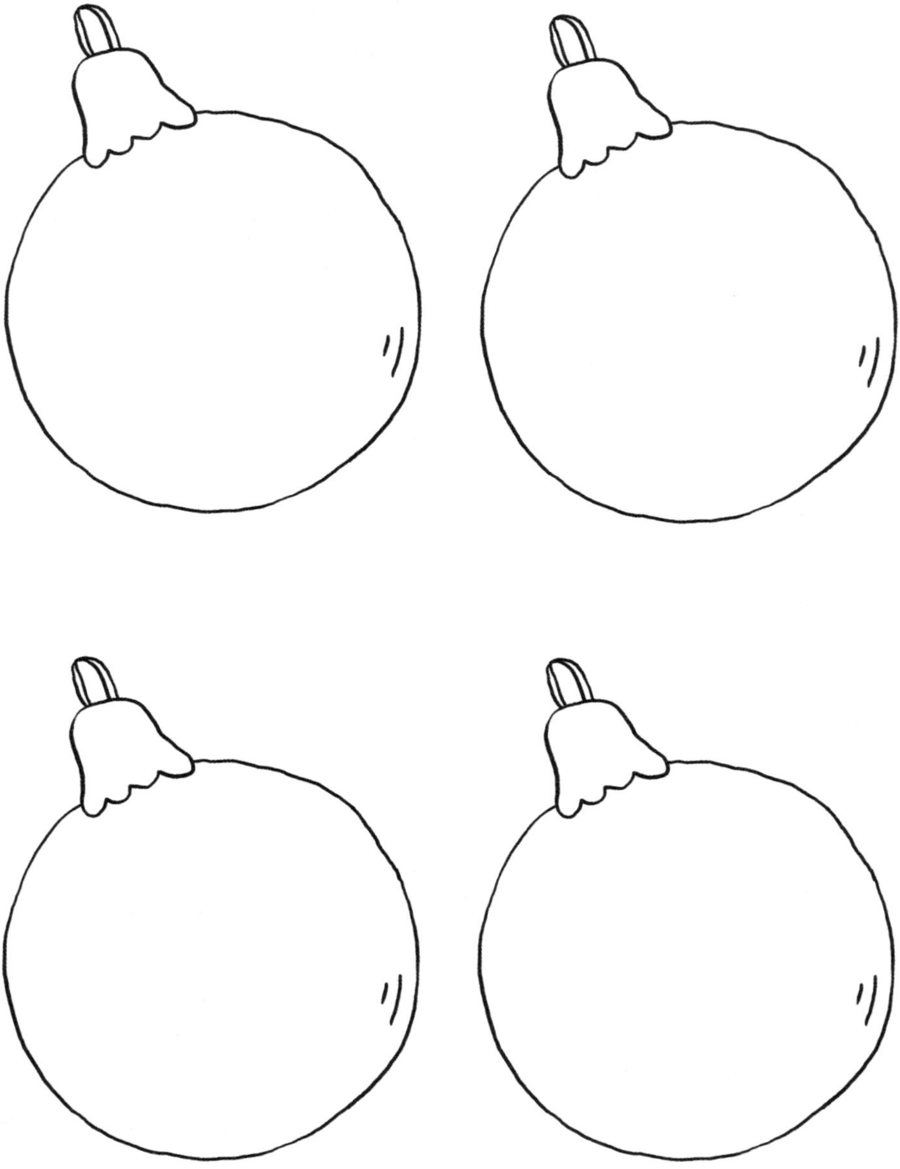

Mütze verloren

Jans Zwillingsbruder hat seine Mütze verloren.
Hilf ihm, die Mütze zu finden, und kreise die richtige ein.

Lösung:

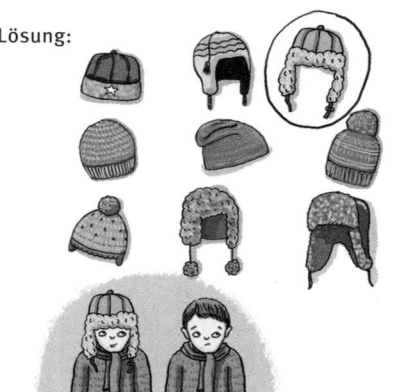

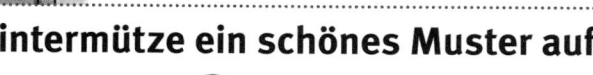

Male der Wintermütze ein schönes Muster auf.

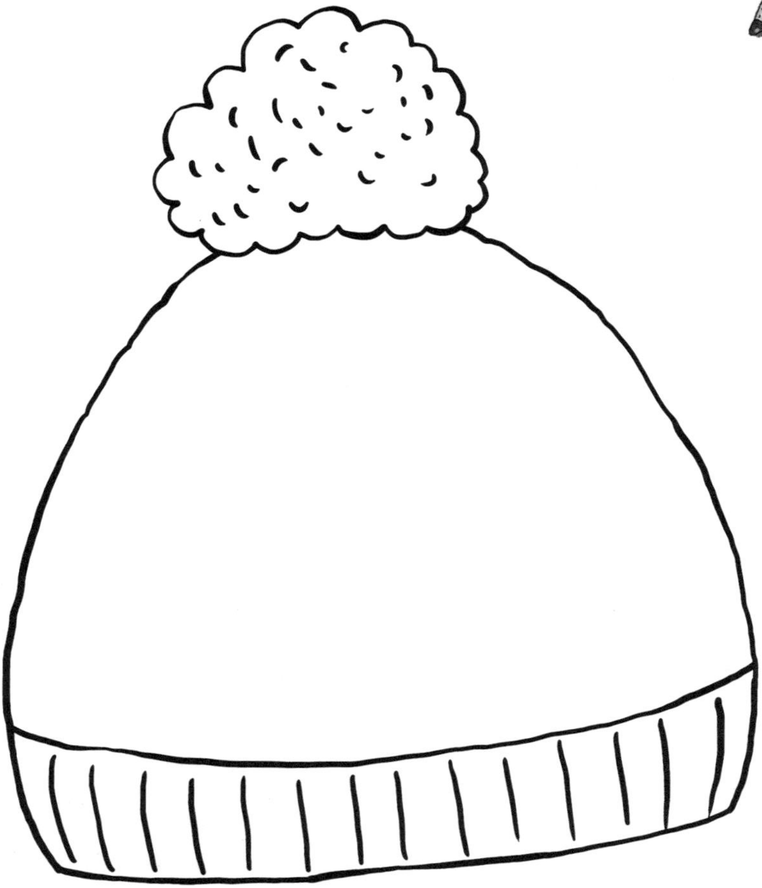

Reim-Wörter

Auf dieser Seite kannst du Reimwörter lesen, die sich mehrmals
wiederholen. Zähle, wie oft jedes Wort auf der Seite vorkommt,
und schreibe die Anzahl unten auf.

KLEE SCHNEE KLEE FEE

KLEE

FEE SCHNEE SCHNEE

SCHNEE KLEE

TEE SCHNEE KLEE KLEE

SCHNEE KLEE FEE SCHNEE

SCHNEE KLEE TEE KLEE

SCHNEE FEE

FEE

SCHNEE:_____
KLEE:_____
FEE:_____
TEE:_____

Reime!

Finde für jedes Wort mindestens ein anderes, das sich darauf reimt.

bald   〉 _____

Band   〉 _____

Butter   〉 _____

Eis   〉 _____

glatt   〉 _____

Hose   〉 _____

lecker   〉 _____

Pferd   〉 _____

Stern   〉 _____

Wipfel   〉 _____

Wolle   〉 _____

Zwerg   〉 _____

Oh ..., oh ..., wie grün sind deine Blätter

Laubbaum oder Nadelbaum? Kreise die Bäume ein, die auch im Winter ein grünes Kleid tragen.

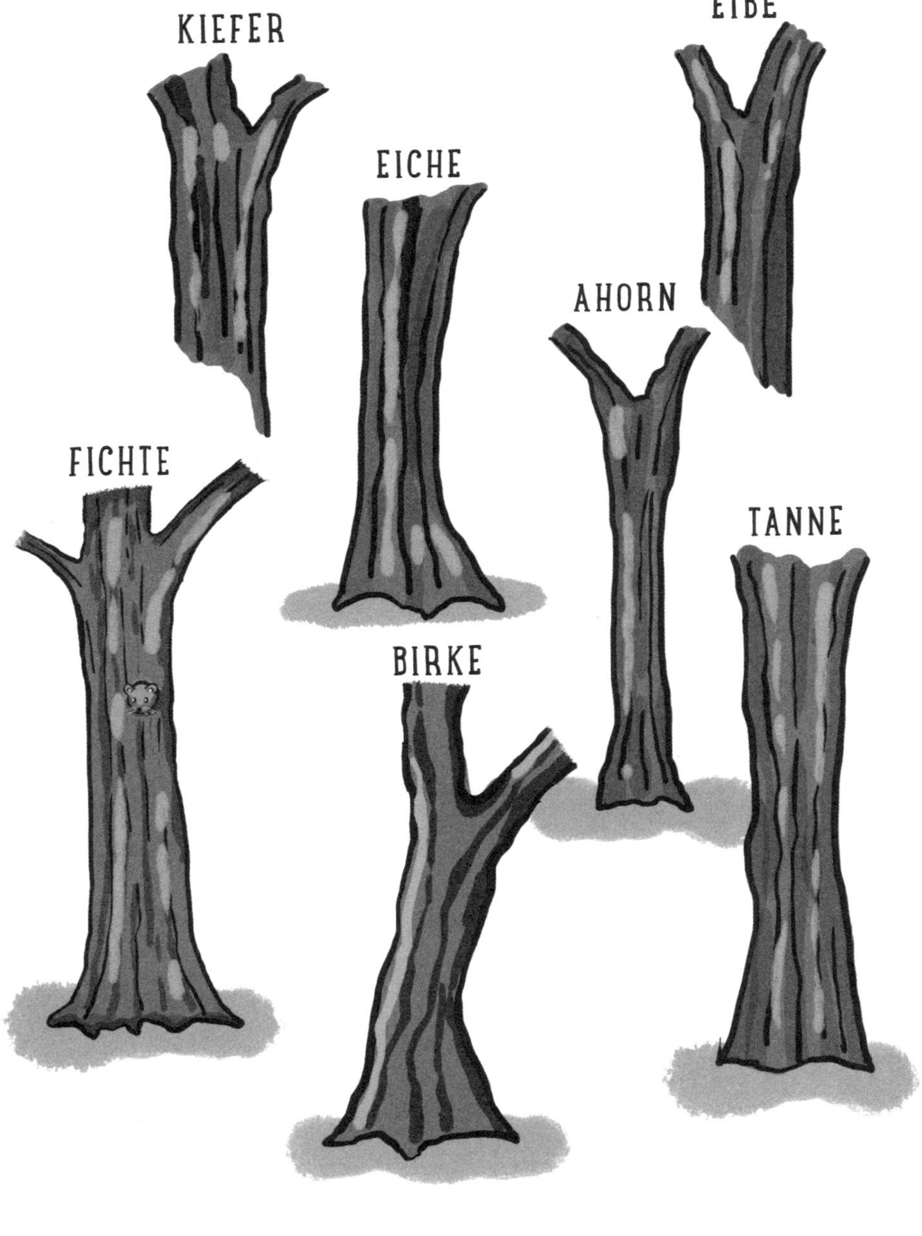

EIBE

KIEFER

EICHE

AHORN

FICHTE

TANNE

BIRKE

Male der Tanne ganz viele Zapfen an.

Wem gehören die Handschuhe?

Folge den Linien. Welchem Kind gehören welche Handschuhe?

Winterköstlichkeit

Bilde aus diesen Buchstaben eine süße Köstlichkeit, die man besonders gern im Winter isst. Der erste Buchstabe ist unterstrichen.

Lösungswort:

Schneeflöckchen

Die meisten Schneeflocken sind hier zweimal zu sehen, aber eine Form gibt es nur einmal. Kreise diese ein.

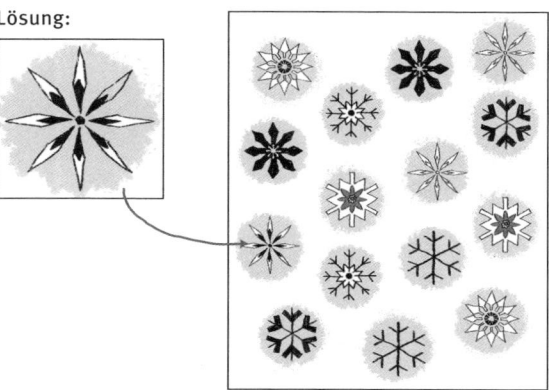

Lösung:

Male die rechte Seite der Schneeflocke genauso wie die linke Hälfte.

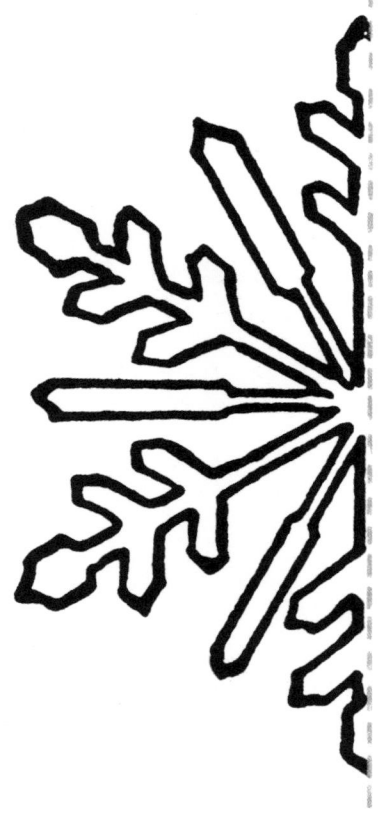

Schneeweiß

Male die Tiere aus, die normalerweise nie ein weißes Federkleid oder Fell haben.

Lösung: **Ausmalen konntest du:** B (Hirsch), D (Flamingo), E (Affe), G (Schnecke), I (Pfau).
Der Eisbär (A), die Ziege (C), der Schwan (F) und die Gans (H) bleiben weiß.

Tiersilben

Welcher Tiername hat die meisten Silben? Schreibe den Tiernamen unter das Bild, zähle die Silben und schreibe sie auf die Linie.

A

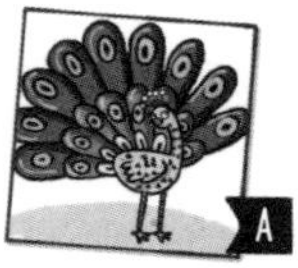

= ____

B

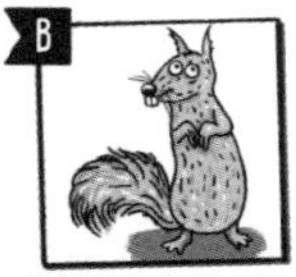

= ____

C

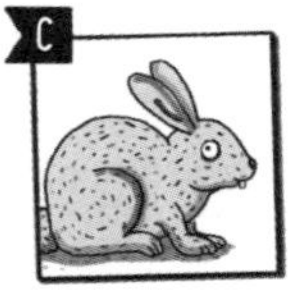

= ____

D

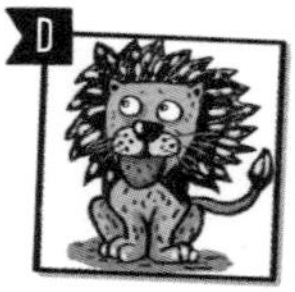

= ____

E

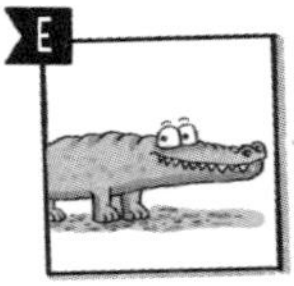

= ____

F

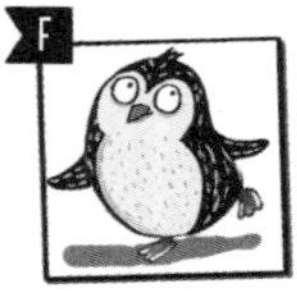

= ____

G

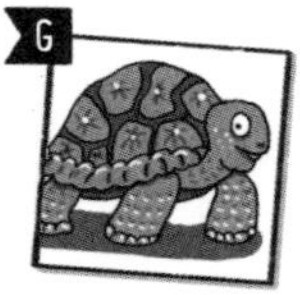

= ____

H

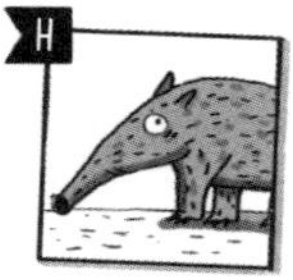

= ____

I

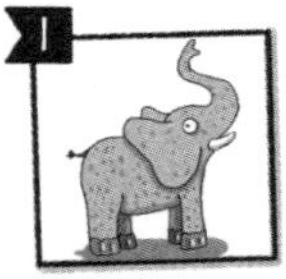

= ____

Lösung: H. Ameisenbär (4) | B. Eichhörnchen, E. Krokodil, F. Pinguin, G. Schildkröte , I.Elefant (3) | C. Hase, D. Löwe (2) | A. Pfau (1)

Schneemannversammlung

Wie viele Schneemänner zählst du?

Lösung: Fünfzehn Schneemänner

Kritzle die Seite voll.

Mit Freunden zusammen

Verbinde immer zwei Wortteile mit einem Strich zu einer Beschäftigung, die man gern mit Freunden zusammen macht.

ba	chen
bau	cken
fau	dern
fei	en
kit	ern
la	fonieren
schwim	gen
sin	len
spie	lenzen
tele	men
wan	zeln

Das ist doch falsch geschrieben!

Kreuze nur das richtig geschriebene Wort in einer Spalte an.

Zige	Marinkäfer	Milch	Ferd
Ziege	Mariäenkefer	Milsch	Pfärd
Zieke	Marienkäfer	Mihlch	Pferd
Ciege	Marienkäfar	Mülsch	Fert

Armeise	Luftballong	Kackadu	Kleinichkeit
Amaise	Lufftpalon	Kakadu	Kleinischkeit
Ameise	Lufftballon	Kakaduh	Kleinigkeit
Ameisse	Luftballon	Kahkadu	Kleinigkeid

Kalt – kälter – am kältesten

Trage die fehlenden Formen der Adjektive in die fehlenden Zeilen ein.

kalt	kälter	am kältesten
	schöner	
tief		
		am höchsten
	dunkler	
hell		
		am langsamsten
bunt		
	lauter	
		am besten
schnell		

Lösung:

schön	schöner	am schönsten
tief	tiefer	am tiefsten
hoch	höher	am höchsten
dunkel	dunkler	am dunkelsten
hell	heller	am hellsten
langsam	langsamer	am langsamsten
bunt	bunter	am buntesten
laut	lauter	am lautesten
gut	besser	am besten
schnell	schneller	am schnellsten

Schreibe je einen Satz mit einem der Adjektive auf.

1 _____

2 _____

3 _____

4 _____

5 _____

6 _____

7 _____

8 _____

9 _____

10 _____

Sternhälften

Jeder Stern hat zwei Hälften. Auf der linken Hälfte steht das Ergebnis
einer Rechenaufgabe. Auf der rechten Hälfte steht die Aufgabe.
Doch leider fehlt immer eine Zahl. Ergänze die jeweiligen Aufgaben,
damit das Ergebnis auf der linken Sternhälfte herauskommt.

A
99 | $33 + ?$

B
17 | $25 - ?$

D
55 | $25 + ?$

C
77 | $? - 23$

E
42 | $6 \cdot ?$

G
49 | $7 \cdot ?$

H
30 | $? \cdot 6$

F
24 | $? \cdot 8$

Lösung: A=66, B=8, C=100, D=30, E=7, F=3, G=7, H=5

So ein Durcheinander!

Die Kisten mit dem Weihnachtsschmuck und dem Osterschmuck sind vom Regal gefallen. Nun liegt alles durcheinander auf dem Boden. Wie viele Weihnachtsanhänger und wie viele Ostereier kannst du sehen? Trage ein. Wenn du magst, kannst du die Anhänger bunt ausmalen.

☐ Weihnachtsanhänger

☐ Ostereier

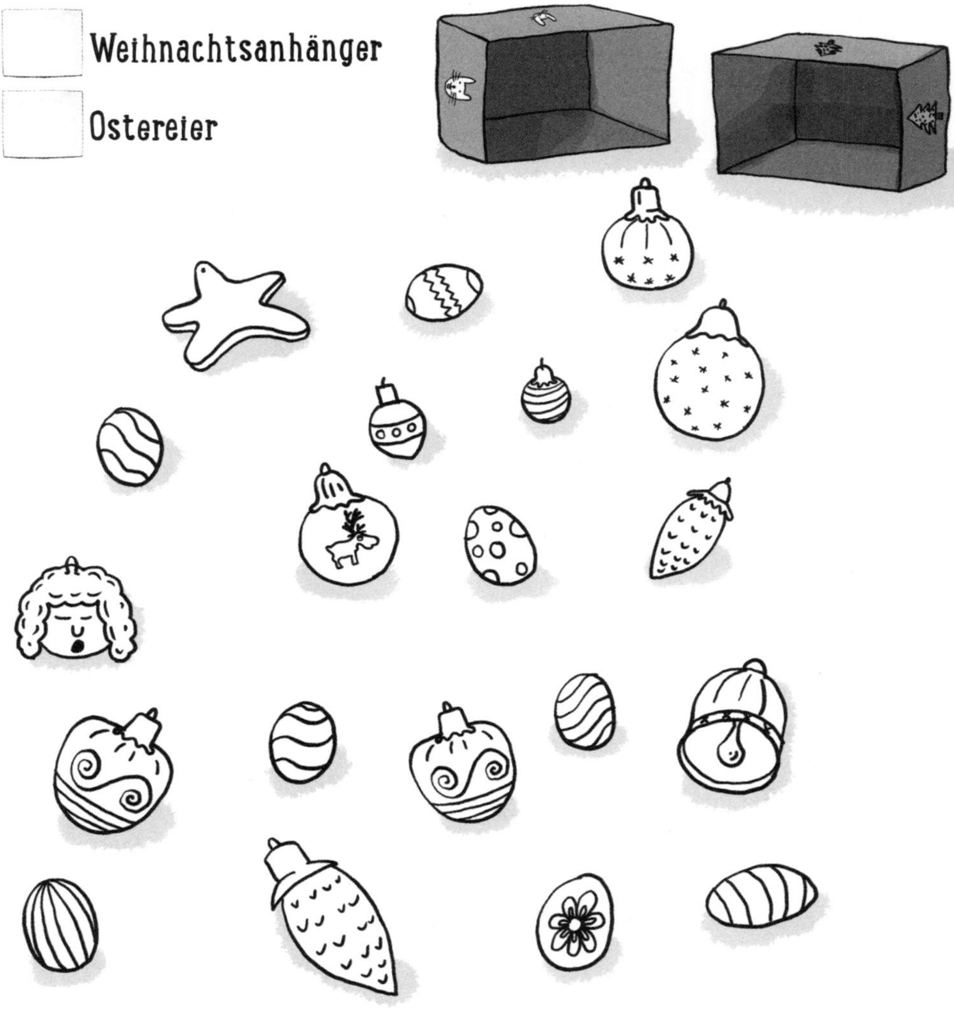

Lösung: 12 Weihnachtsanhänger und 8 Ostereier

Kalt oder warm?

Hier haben sich drei Tiere versteckt, die es lieber warm als kalt mögen.
Male sie aus.

97

A

B

C

D

E

F

G

Wer lebt auf dieser Eisscholle?
Male, was dir dazu einfällt.

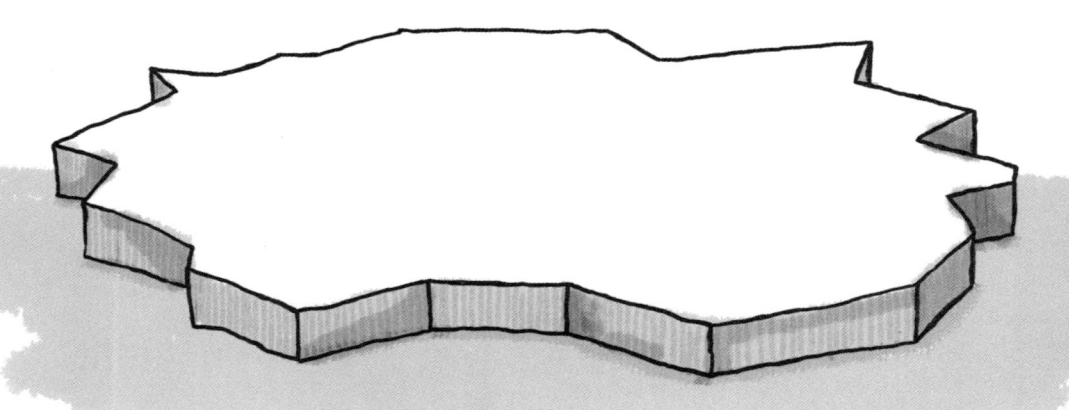

Winterlieder

Bringe die Anfänge der Winter- und Weihnachtslieder in die richtige Reihenfolge.

Beispiel:
a. klinge
b. ling
c. Kling Glöckchen
d. linge
Lösung: c a d b

1
a. Winter
b. tut weh
c. Scheiden
d. ade
Lösung: ◯ ◯ ◯ ◯

2
a. das Christuskind
b. kommt
c. wieder
d. Alle Jahre
Lösung: ◯ ◯ ◯ ◯

3
a. die Katze
b. ABC
c. lief
d. im Schnee
Lösung: ◯ ◯ ◯ ◯

4
a. ein Ros' entsprungen
b. Wurzel zart
c. Es ist
d. aus einer
Lösung: ◯ ◯ ◯ ◯

5
a. Morgen
b. was geben
c. Kinder
d. wird's
Lösung: ◯ ◯ ◯ ◯

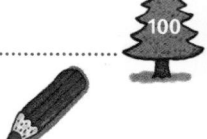

Male eine Katze in einer Winterlandschaft.

Einzahl und Mehrzahl

Schreibe in die leeren Zeilen die fehlende Einzahl oder Mehrzahl
des Begriffs und den dazugehörigen Artikel.

Einzahl	Mehrzahl
der Weihnachtsbaum	
	die Winterreisen
das Geschenk	
	die Adventskränze
	die Rentiere
die Schneeballschlacht	
der Ofen	
der Bratapfel	
	die Kerzen
das Geschenkpapier	

Lösung: der Weihnachtsbaum – die Weihnachtsbäume | die Winterreise – die Winterreisen |
das Geschenk – die Geschenke | der Adventskranz – die Adventskränze |
das Rentier – die Rentiere | die Schneeballschlacht – die Schneeballschlachten |
der Ofen – die Öfen | der Bratapfel – die Bratäpfel | die Kerze – die Kerzen |
das Geschenkpapier – die Geschenkpapiere

Male ganz viele Sternschnuppen.

Geschenkerechnen

Ergänze in jeder Geschenkreihe die Zahl, die zusammen mit der oder den anderen 73 ergibt.

44

51

50

3

3

21

11

73

Lösung:

104

....

Male ein schönes Muster auf das Geschenkpapier.

Rentier gesucht

Auch wenn es schnell rennen kann: Das Rentier ist kein Renntier.
Also pass gut auf, wenn du die 8 Rentiere im Buchstabengitter suchst.

R	E	N	T	I	E	R	R	E	N	T	I
E	R	R	E	N	N	E	R	T	R	I	E
N	R	T	E	R	E	N	T	I	E	R	E
T	I	E	R	R	E	T	I	E	N	T	I
I	E	R	E	N	N	I	E	R	T	T	E
E	R	E	N	E	N	E	E	I	I	R	E
R	E	N	T	I	E	R	E	I	E	T	I
R	E	T	I	E	R	T	R	E	R	T	E
R	E	I	T	T	I	E	R	T	I	E	R
E	R	E	N	T	I	E	R	R	E	I	T
T	I	R	R	E	N	R	E	N	N	E	R
R	E	N	N	T	I	E	R	T	I	E	R

Lösung:

R	E	N	T	I	E	R	R	E	N	T	I
E	R	R	E	N	N	E	R	T	R	I	E
N	A	T	E	R	E	N	T	I	E	R	E
T	I	E	R	R	E	T	I	E	N	T	I
I	E	R	E	N	N	I	E	R	T	T	E
E	R	E	N	E	N	E	E	I	I	R	E
R	E	N	T	I	E	R	E	I	E	T	I
R	E	T	I	E	R	T	R	E	R	T	E
R	E	I	T	T	I	E	R	T	I	E	R
E	R	E	N	T	I	E	R	R	E	I	T
T	I	R	R	E	N	R	E	N	N	E	R
R	E	N	T	I	E	R	T	I	E	R	R

Hirsche

Rate, welche drei Tiere nicht zur Familie der Hirsche gehören.
Kreise sie ein.

ANTILOPE   NASHORN

REH

DAMWILD

RENTIER

ELCH

GIRAFFE

Lösung: Antilope, Giraffe, Nashorn

Geheimschrift

Kannst du die erste Strophe des Winterlieds entziffern?
Du musst ganz einfach jeden Buchstaben durch seinen „Nachfolger"
im Alphabet ersetzen. (Der Nachfolger des „Z" ist das „A".)

Beispiel: Vdhgmzbgsdm = Weihnachten

Z, z, z, cdq Vhmsdq, cdq hrs cz.
Gdqars tmc Rnlldq rhmc udqzmfdm,
Vhmsdq, cdq gzs zmfdezmfdm.
Z, z, z, cdq Vhmsdq, cdq hrs cz.

Lösung: A, a, a, der Winter, der ist da.
Herbst und Sommer sind vergangen,
Winter, der hat angefangen,
A, a, a, der Winter, der ist da.

Schreibe deinen Namen und die Namen deiner Familie und Freunde in dieser Geheimschrift auf.

Schlitten im Hunderterfeld

Schreibe für jeden Schlitten die Zahlen aus dem Hunderterfeld auf.
Wenn du Hilfe brauchst, nutze die Vorlage vorn im Block.

Lösungen: _____

_____

Lösung:

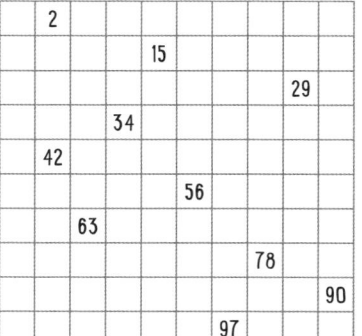

	2								
			15						
						29			
		34							
42									
				56					
	63								
					78				
							90		
				97					

Male die Kästchen bunt aus.

Weihnachtskugeln-Pyramide

Jede Weihnachtskugel ist die Summe der beiden nebeneinanderliegenden darunter. Ergänze die fehlenden Zahlen.

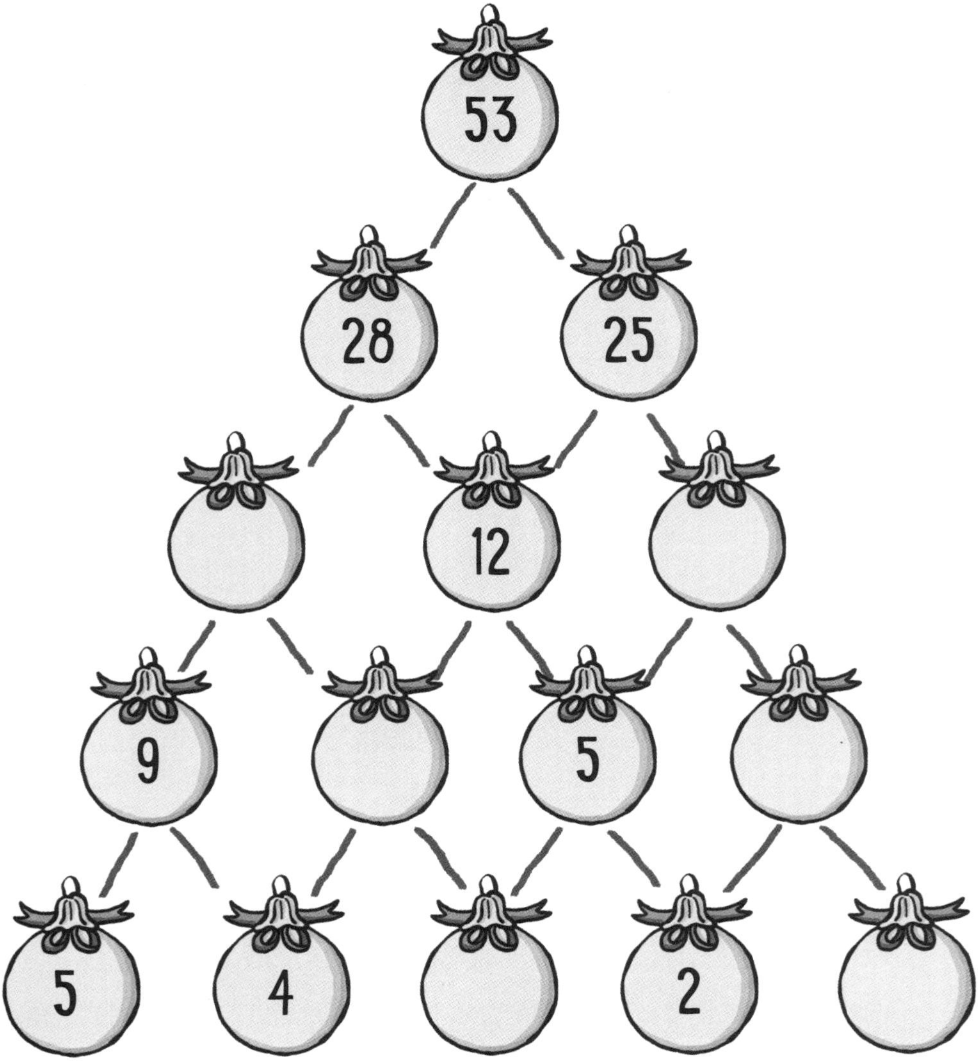

53

28 · 25

· 12 ·

9 · 5 ·

5 · 4 · · 2 ·

Lösung:

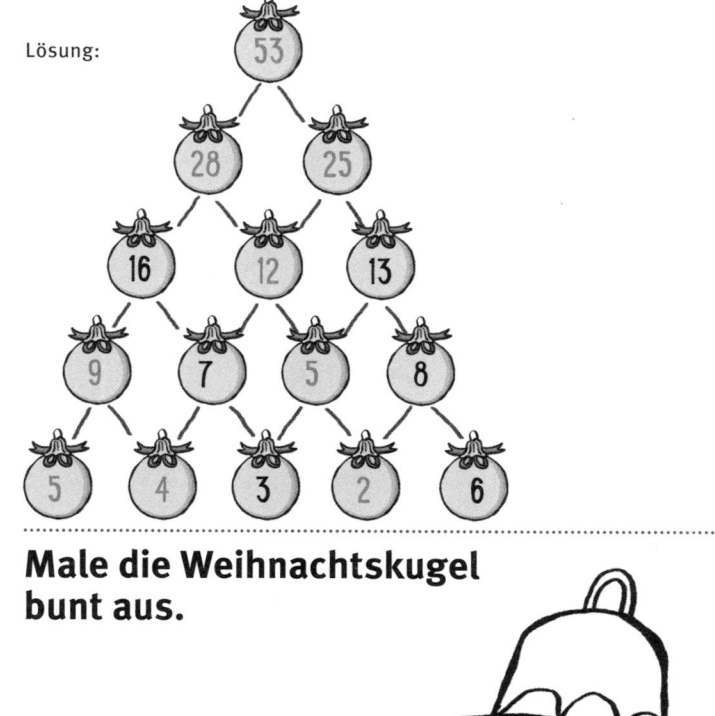

Male die Weihnachtskugel bunt aus.

Hundepension

Im Winter liegen die Hunde gern im warmen Körbchen. Es gibt fünf
Hundekörbchen: Im ersten liegt eine Dackel-Mama mit vier Jungen.
Im zweiten liegt ein großer Bernhardiner. Im dritten liegen zwei
Schnauzerschwestern mit ihrem kleinen Bruder. Im vierten kuschelt
ein Havaneser-Weibchen mit einem Zwergpudel-Männchen. Und im
letzten Körbchen liegen die vier Welpen der beiden.

A **Wie viele Hunde wohnen in der Pension?**

B **Wie viele Hundepfoten kannst du zählen?**

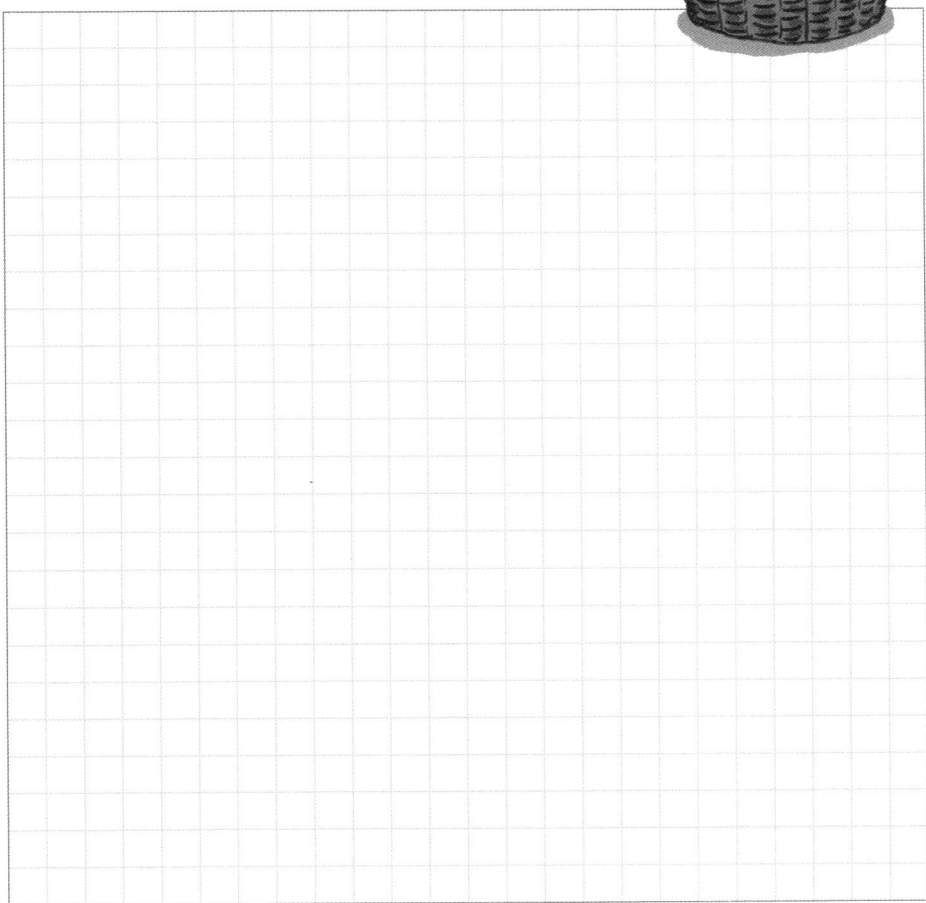

Lösung: **A.** 1. Körbchen: 5 Hunde = 20 Pfoten | 2. Körbchen: 1 Hund = 4 Pfoten |
3. Körbchen: 3 Hunde = 12 Pfoten | 4. Körbchen: 2 Hunde = 8 Pfoten |
5. Körbchen: 4 Hunde = 16 Pfoten. Insgesamt sind das 15 Hunde
B. 20 + 4 + 12 + 8 + 16 = 60 Pfoten

Welche Hunde magst du am liebsten?

Windhund

Chihuahua

Malteser

Husky

Pudel

Dackel

Labrador

Bernhardiner

Mops

Yorkshireterrier

Dalmatiner

Französische Bulldogge

Ganz geheim!

Du musst erst den Code lösen, bevor du weißt, was heute
gebacken werden soll.

4 · 4 = C	98 − 17 = Ä	2 + 69 = E	73 − 47 = H	27 + 31 = T
28 + 42 = P	29 + 47 = N	0 · 0 = L	34 − 25 = Z	

70	0	81	58	9	16	26	71	76

Lösung:

70	0	81	58	9	16	26	71	76
P	L	Ä	T	Z	C	H	E	N

116

Male das Hexenhaus bunt aus.

Weihnachtsmemo

Welches Motiv verbirgt sich unter dem verdeckten
Kärtchen des Memospiels?

Lösung:

Weihnachtsmandala

Male das Mandala bunt aus.

Wahr oder erfunden?

Unter diese Tiere haben sich 8 gemischt, die erfunden sind.
Kreise die Namen der 4 Tiere ein, die es wirklich gibt.

EISBÄR

EISFUCHS

EISENFISCH

EISHAMSTER

EISKNALLFROSCH

EISLÖWE

EISMEER-RINGELROBBE

EISMÜTZENPINGUIN

EISSCHNEELEOPARD

EISTEEFLIEGE

EISTÜTENWAL

EISVOGEL

Lösung: Eisbär, Eisfuchs, Eismeer-Ringelrobbe und Eisvogel gibt es wirklich.

Male ein Tier, das in kalten Regionen leben kann.

120

Im Dezember

Wer legt am 6. Dezember kleine Geschenke in die Stiefel?
Setze das Lösungswort aus den markierten Buchstaben zusammen.

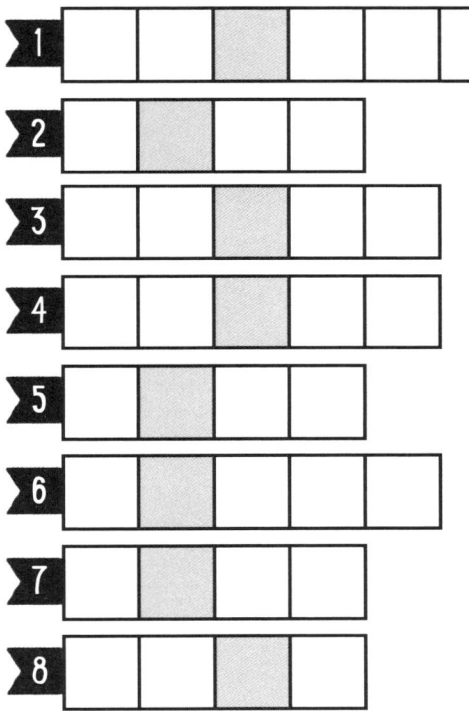

1. Die kälteste Jahreszeit ist der …
2. Milchreis isst man gern mit …
   und Zucker.
3. braunes Getränk, das man kalt
   und heiß trinken kann
4. König und Königin tragen eine …
   auf dem Kopf.
5. anderes Wort für Fee
6. Aus dem Schornstein kommt ….
7. ein Tier, das bellt
8. ein Tier, das hoppelt und
   lange Ohren hat

Lösungswort:

1	2	3	4	5	6	7	8

Lösung:

1. **W** I N T E R
2. Z **I** M T
3. K **A** K A O
4. K R **O** N E
5. E **L** F E
6. R **A** U C H
7. H **U** N D
8. H A **S** E

1	2	3	4	5	6	7	8
N	I	K	O	L	A	U	S

Male eine Krone.

Backzutaten

Finde 8 Backzutaten, die im Buchstabengitter immer waagerecht
versteckt sind.

V	J	M	I	L	C	H	Y	F	N
H	L	Q	V	A	N	I	L	L	E
S	A	L	Z	J	A	A	G	E	S
K	Y	Z	U	C	K	E	R	G	M
X	H	M	E	I	E	R	Q	G	E
R	M	E	H	L	E	G	N	Y	P
C	Y	B	G	D	J	G	T	J	F
L	Q	P	N	N	K	A	K	A	O
H	D	F	C	N	N	O	J	F	H
B	A	C	K	P	U	L	V	E	R

V	J	M	I	L	C	H	Y	F	N
H	L	Q	V	A	N	I	L	L	E
S	A	L	Z	J	A	A	G	E	S
K	Y	Z	U	C	K	E	R	G	M
X	H	M	E	I	E	R	Q	G	E
R	M	E	H	L	E	G	N	Y	P
C	Y	B	G	D	J	G	T	J	F
L	Q	P	N	N	K	A	K	A	O
H	D	F	C	N	N	O	J	F	H
B	A	C	K	P	U	L	V	E	R

Welche Weihnachtsleckereien isst du am liebsten?

1. _____

2. _____

3. _____

4. _____

5. _____

6. _____

Wintersport

Löse das Bilderrätsel und du erfährst, welche Wintersportart gesucht wird.

1 2 3̶ 4̶ 5̶ 6̶

1 2 3̶ 4 5̶ 6̶ 7 8̶ 9 10̶ 11̶

1 2̶ 3 4̶

1 2 3̶ 4̶ 5̶ 6̶

1̶ 2 3̶ 4̶ 5 6̶ 7̶

1̶ 2 3̶ 4̶

1 2̶ 3̶ 4̶ 5 6̶

Lösungswort:

Winter-Weihnachts-Witze

Klein–Fritzchen schreibt an den Weihnachtsmann. „Lieber Weihnachtsmann, schicke dieses Jahr die Geschenke bitte direkt an mich. Letztes Jahr haben meine Eltern das Handy einfach behalten."

Der Lehrer fragt: „Wer kann einen Satz mit Weihnachtsfest bilden?"
Klein-Erna antwortet: „Der Elch hält sein Geweih nachts fest."

Papa erzählt von seiner Kindheit: „Als Kind liebte ich es, an Winterabenden im Zimmer vor einem knisterndem Feuer zu sitzen. Leider haben es mir meine Eltern verboten." „Warum denn?", fragt der Sohn. „Wir hatten keinen Kamin."

Warum klettern Ostfriesen im Dezember nur noch durchs Fenster? Weil Weihnachten vor der Tür steht.

Plätzchen backen

Lea und Max haben viele verschiedene Plätzchen gebacken.
Wie viele von jeder Art kannst du sehen?
Schreibe deine Lösung ins Kästchen.

Lösung:

Lösung:

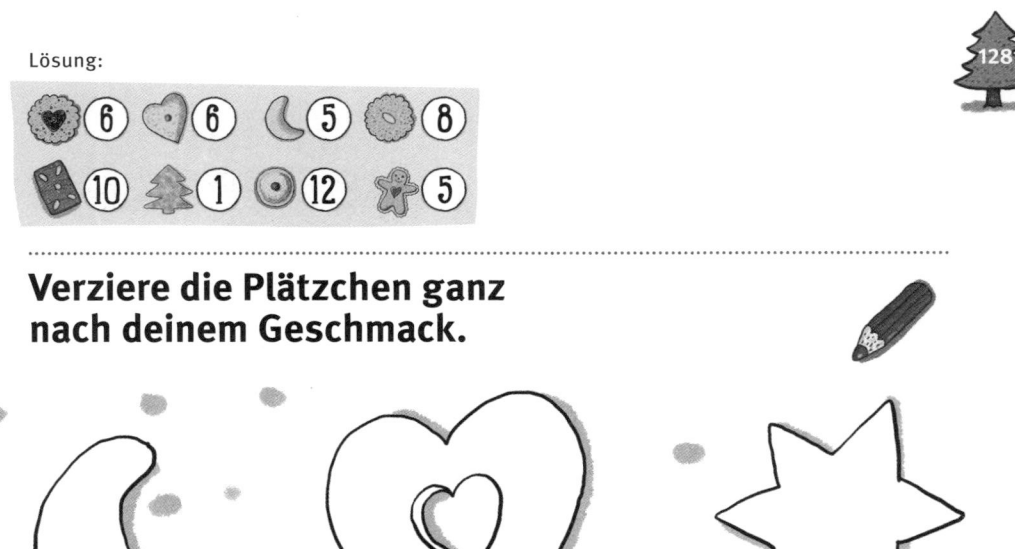

Verziere die Plätzchen ganz nach deinem Geschmack.

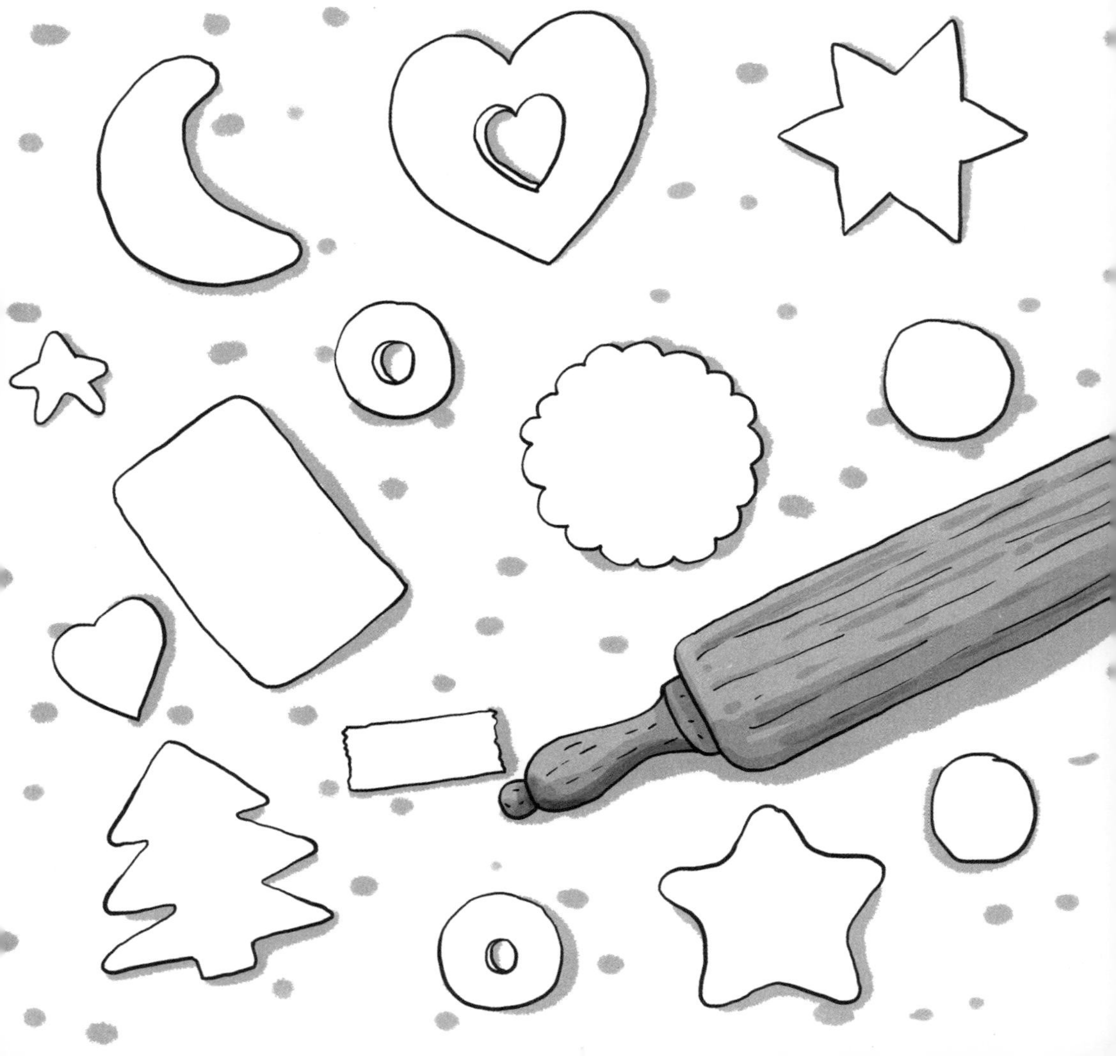

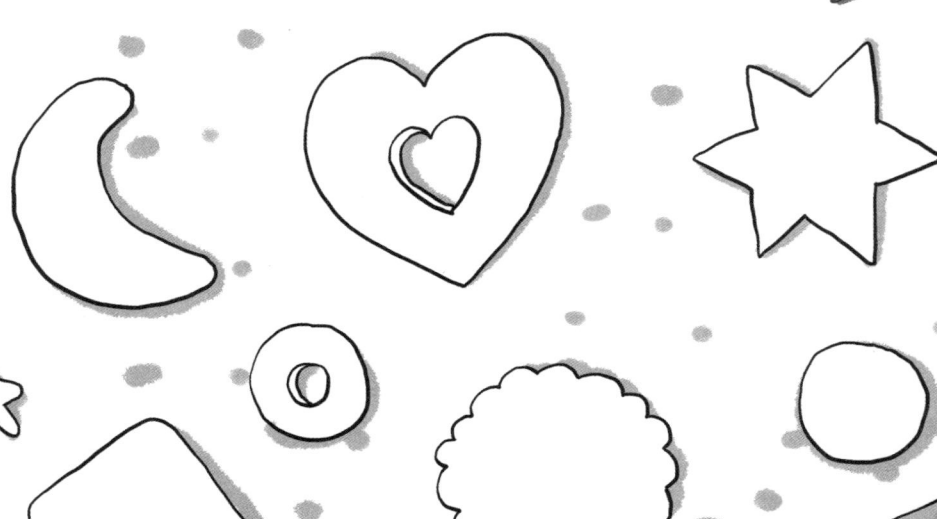

Weihnachtspost

Die Weihnachtspost wird verschickt. Heute liefert der Postbote die Briefe an alle Häuser mit einer Hausnummer, die durch 4 teilbar ist.
Kreuze die Häuser an.

Male ein Schild für den Postboten, das ihn vor einem bissigen Hund warnt.

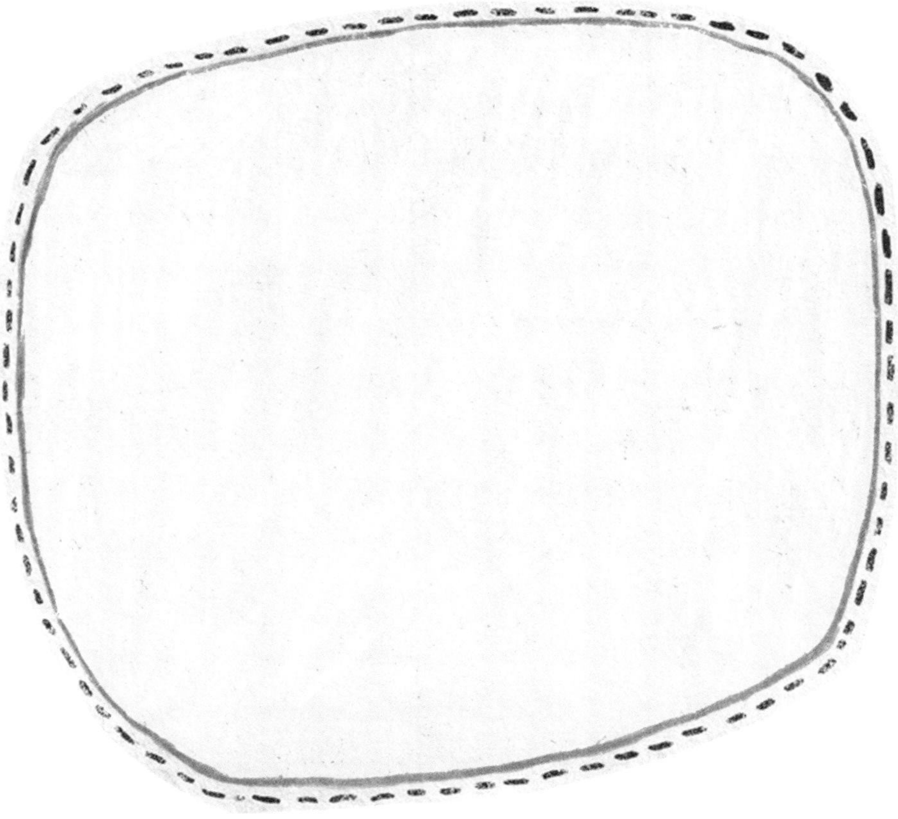

Schleifenpaare

Suche die passenden Schleifenpaare. Eine Schleife bleibt übrig.
Kreise diese ein.

Male an das Geschenk eine große Schleife.

G oder K?

Schreibe immer den richtigen Anfangsbuchstaben an die Wörter.

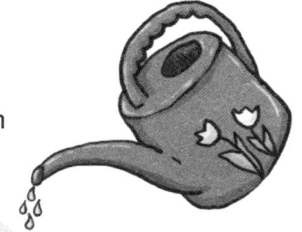

133

1. Im Winter blühen im ___arten ___eine Blumen.

2. Morgens benutze ich für meine Haare einen ___amm.

3. Für den Winterurlaub packe ich meinen ___offer.

4. Zu Weihnachten ___ibt es bei uns eine ___ans.

5. Dort, wo die ___amele leben, gibt es ___einen Schnee.

6. Mein Bruder geht in den ___indergarten.

7. ___urken ___ann man auch im Winter kaufen.

8. Die ___ießkanne rostet im Regen.

9. Im Winter ___ibt es meist ___ein ___ewitter.

10. Meine Oma isst ___ern ___arpfen an Weihnachten.

11. Meine ___atze liegt ___ern am Ofen.

12. Der ___ürtel meiner Hose ist zu weit.

13. Die ___iste mit den Winteräpfeln ist fast leer.

14. Mein Vater spielt Weihnachtslieder auf der ___itarre.

15. Beim Schlittern auf dem Eis habe ich mir das ___nie weh___etan.

mega

Lösung: 1. Garten, keine | 2. Kamm | 3. Koffer | 4. gibt, Gans | 5. Kamele, keinen | 6. Kindergarten |
7. Gurken, kann | 8. Gießkanne | 9. gibt, kein, Gewitter | 10. gern, Karpfen |
11. Katze, gern | 12. Gürtel | 13. Kiste | 14. Gitarre | 15. Knie, wehgetan

Male eine Katze am Ofen.

Buchstabensalat

Welches Wort versteckt sich hier?

Achtung: Das Lösungswort fängt nicht am Zeilenanfang an.

```
        J X U
      I G Q L A Z Q
    E Y I G K U P D F
    B G Q Z B H L I T
  W E I H N X S C H A B
  O E I Q L L R K K V A
  I Y A A J G J Q W E I
    H N A C H T E N R
    R O I E R C V C Z
    M W I D D W P
        T W C
```

Lösungswort:

Lösung: Weihnachten

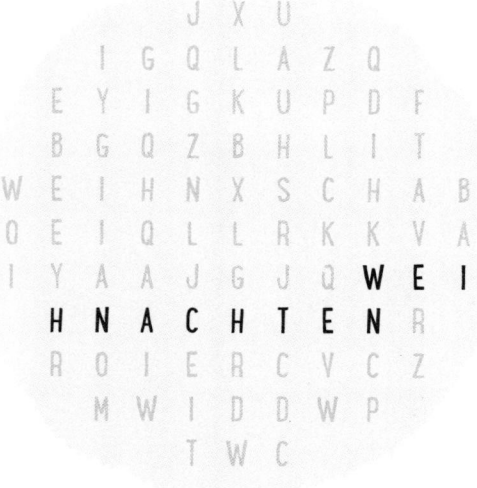

J X U
I G Q L A Z Q
E Y I G K U P D F
B G Q Z B H L I T
W E I H N X S C H A B
O E I Q L L R K K V A
I Y A A J G J Q **W E I**
H N A C H T E N R
R O I E R C V C Z
M W I D D W P
T W C

Schreibe deine Weihnachtswünsche auf.

1 ______________________________

2 ______________________________

3 ______________________________

4 ______________________________

5 ______________________________

6 ______________________________

7 ______________________________

8 ______________________________

9 ______________________________

10 ______________________________

Schnee und Frost

12 Wörter lassen sich hinter Schnee oder Frost hängen.
Ziehe Striche zu den richtigen Begriffen.
Beispiel: SCHNEEPFLUG, FROSTSCHUTZ

FALL

BALL

BEULE

GEFAHR

KÖNIG

SCHNEE

STURM

MANN

FROST

SCHUTZ

KÄSE

WETTER

SCHADEN

TEE

REGEN

RANZEN

SCHRIFT

PFLUG

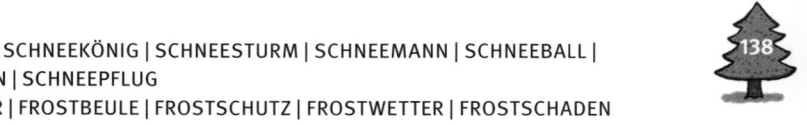

Bilde aus jedem Wort mindestens zwei neue, zusammengesetzte Wörter.

Beispiel:

Weihnachts…: **Weihnachts**mann, **Weihnachts**geschenk

KEKS: _____

_____

NUSS: _____

_____

TANNEN: _____

_____

KERZEN: _____

_____

STERN: _____

_____

GESCHENK: _____

_____

Was wiegt mehr?

Ole hat 6 Äpfel und 6 Orangen gekauft. Rechne die Aufgaben auf
dem Obst aus und zähle dann die Ergebnisse zusammen.
Welche Obstsorte wiegt zusammen mehr?

$7 \cdot 7 =$

$21 + 49 =$

$24 + 14 =$

$21 + 49 =$

$99 - 66 =$

$10 : 2 =$

$8 \cdot 5 =$

$33 - 5 =$

$15 + 16 =$

$8 \cdot 3 =$

$1 \cdot 0 =$

$7 \cdot 2 =$

Südfrüchte

Welche Obstarten gehören zu den exotischen Früchten, sind also
keine heimischen Obstarten, weil sie in Deutschland in der Regel
nicht gedeihen? Kreise alle exotischen Früchte ein.

Ananas

Kaki

Birne

Heidelbeere

Litschi

Kiwi

Aprikose

Mango

Pflaume

Mandarine

Papaya

Erdbeere

Orange

Pfirsich

Zitrone

Nicht alle sind gleich!

In jeder Reihe ist ein Plätzchen dabei, das sich etwas von dem im Kästchen unterscheidet. Kreise es ein.

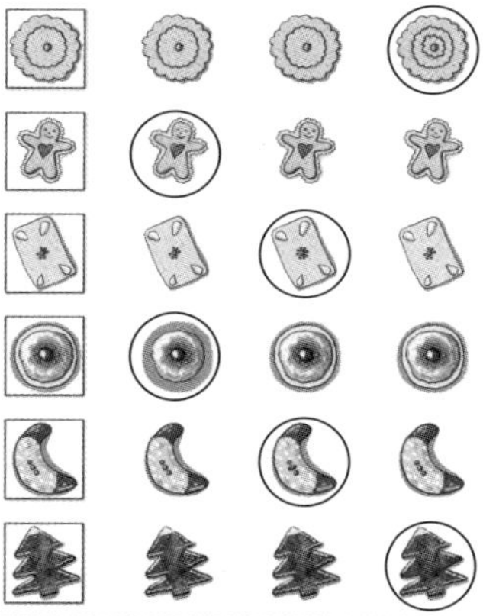

Male den Stutenkerl aus.

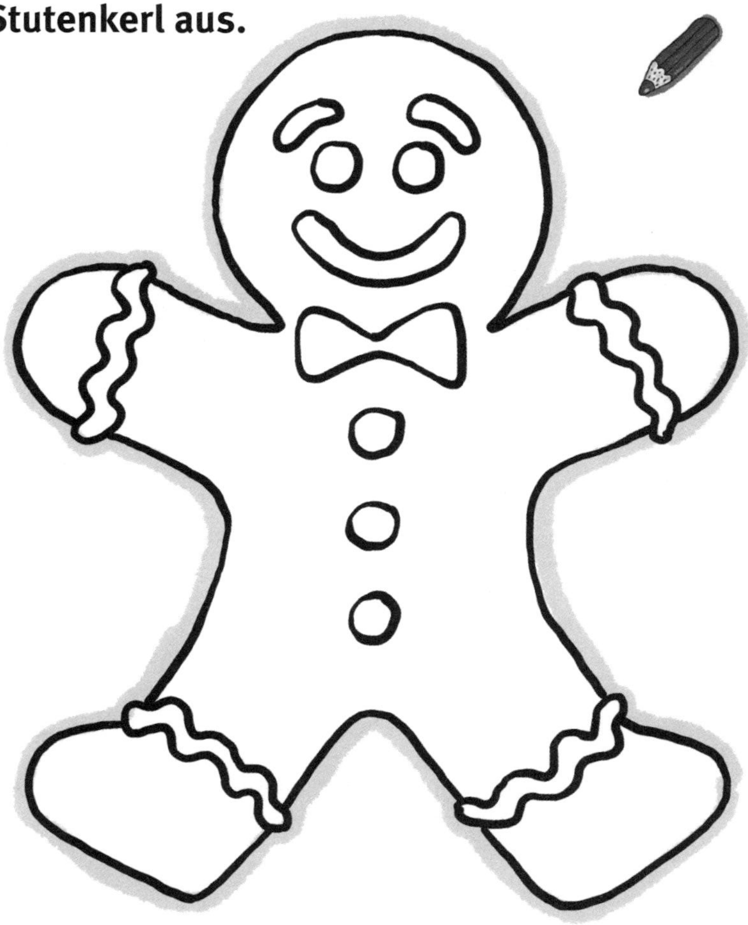

Socken

Immer verschwindet eine Socke! Der Weihnachtsmann hat nur
noch ein passendes Paar. Kreise diese beiden Socken ein.

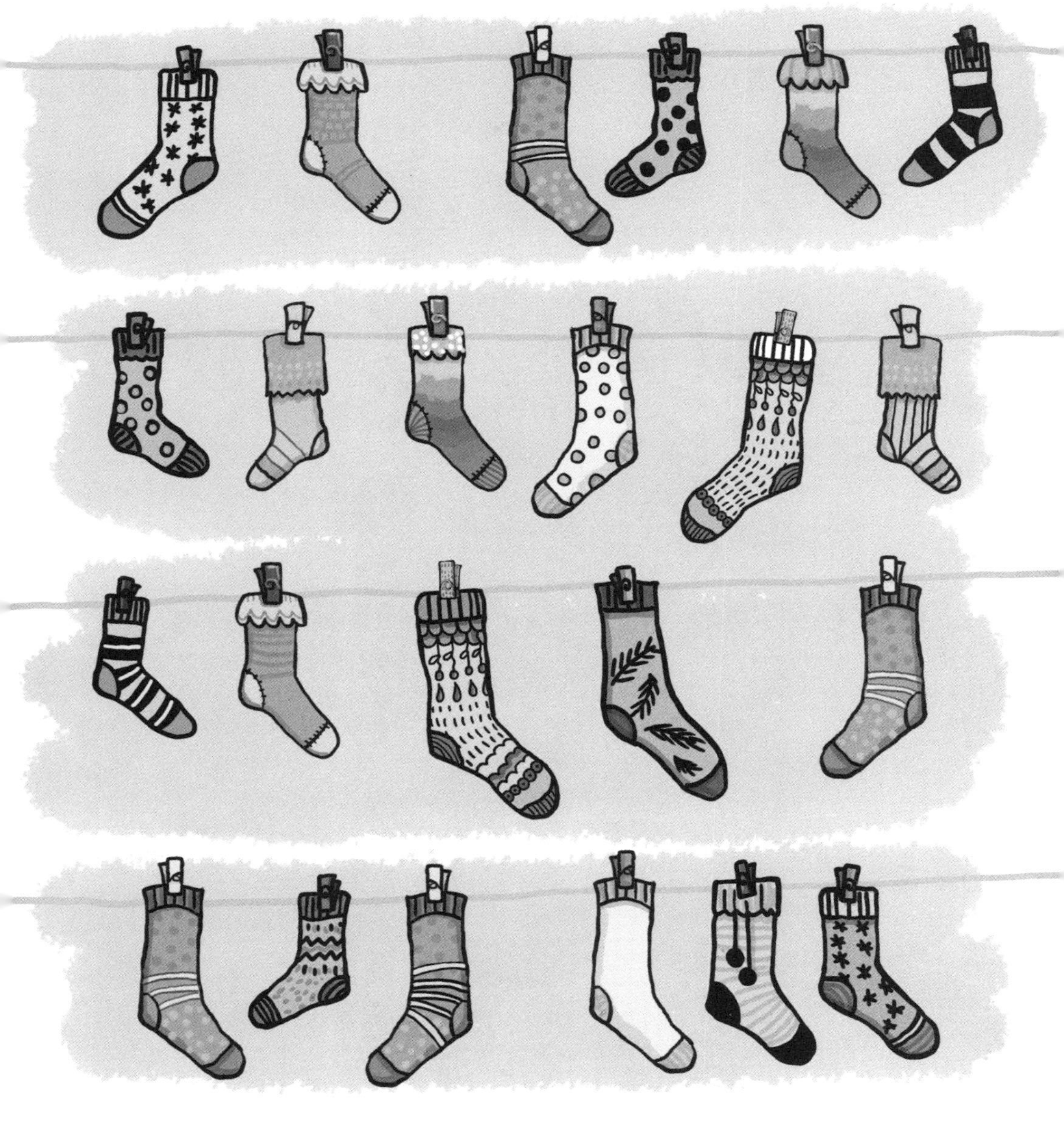

Lösung: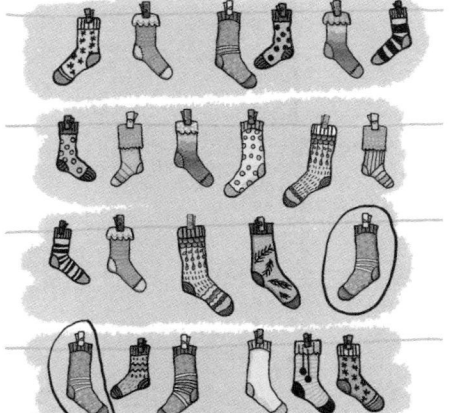

Socken wechseln

Der Weihnachtsmann braucht warme Füße.
In seiner Kommode liegen 25 Paar Socken und
drei einzelne.
Vom 1. Dezember bis Heiligabend wechselt
er täglich seine Socken. Wie viele Socken braucht
er bis Heiligabend, wie viele Paare sind das
und wie viele Socken sind danach noch in
seiner Kommode?

Lösung: 48 Socken braucht er bis Heiligabend. Das sind 24 Paar. 5 einzelne Socken bleiben übrig.

Winter-Kreuzworträtsel

Löse das Kreuzworträtsel.

1. gebackene Obstart, die im Ofen zubereitet wird
2. Niederschlag aus Eiskristallen
3. warmes Getränk aus Früchten und Gewürzen
4. Weihnachtskekse
5. Wintersportgerät für den Schneegebrauch
6. Wintersportgerät, mit dem man auf Eis gleiten kann
7. kleine Lebkuchenspezialität mit Schichten aus Gelee und Marzipan
8. rundes, geschmücktes Geflecht aus Tannenzweigen mit vier Kerzen
9. kernlose Mandarinen
10. Gemüseart, die besonders viel in Norddeutschland gegessen wird
11. braunes Pulver, das in Milch aufgelöst warm und kalt schmeckt
12. Zu den einen kommt der Weihnachtsmann, zu den anderen das ...

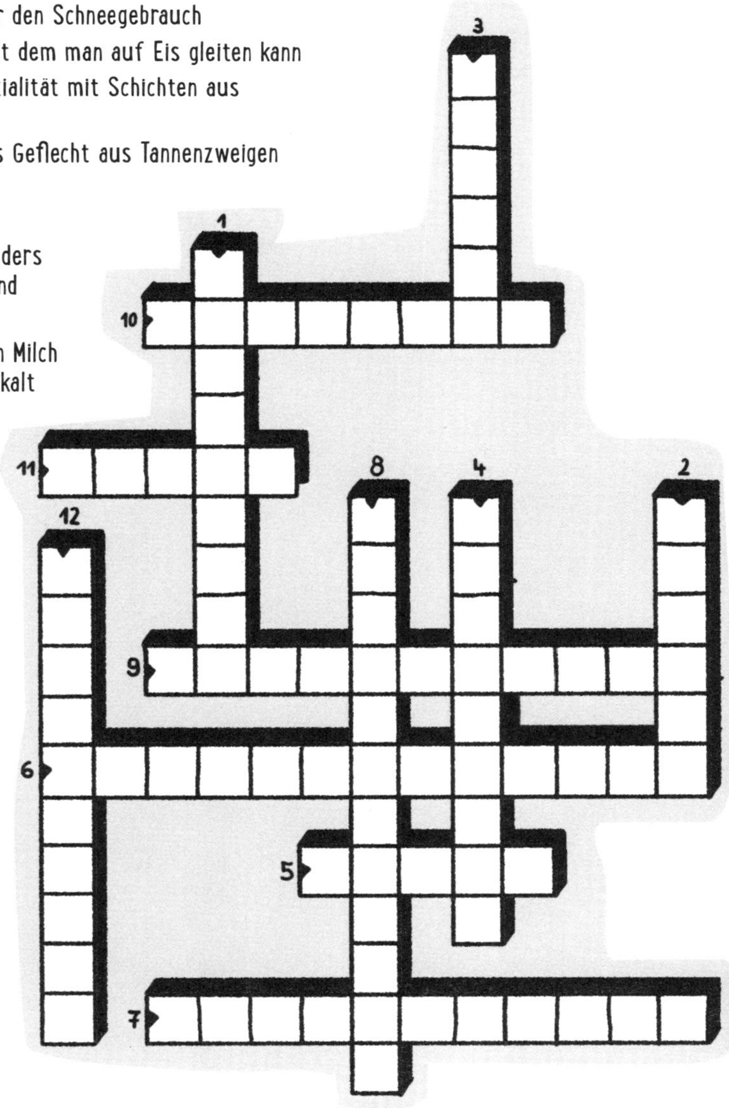

Lösung:

Winterobst

Kreuze die Obstsorten an, die du gern magst.

- ◯ Ananas
- ◯ Apfel
- ◯ Avocado
- ◯ Banane
- ◯ Birne
- ◯ Clementine
- ◯ Dattel
- ◯ Drachenfrucht
- ◯ Granatapfel
- ◯ Grapefruit
- ◯ Kiwi

- ◯ Litschi
- ◯ Mandarine
- ◯ Mango
- ◯ Maracuja
- ◯ Orange
- ◯ Papaya
- ◯ Passionsfrucht
- ◯ Physalis
- ◯ Zitrone

_____

_____

Rentierrennen für Rechenfans

Löse die Rechenaufgaben, damit du ans Ziel kommst.

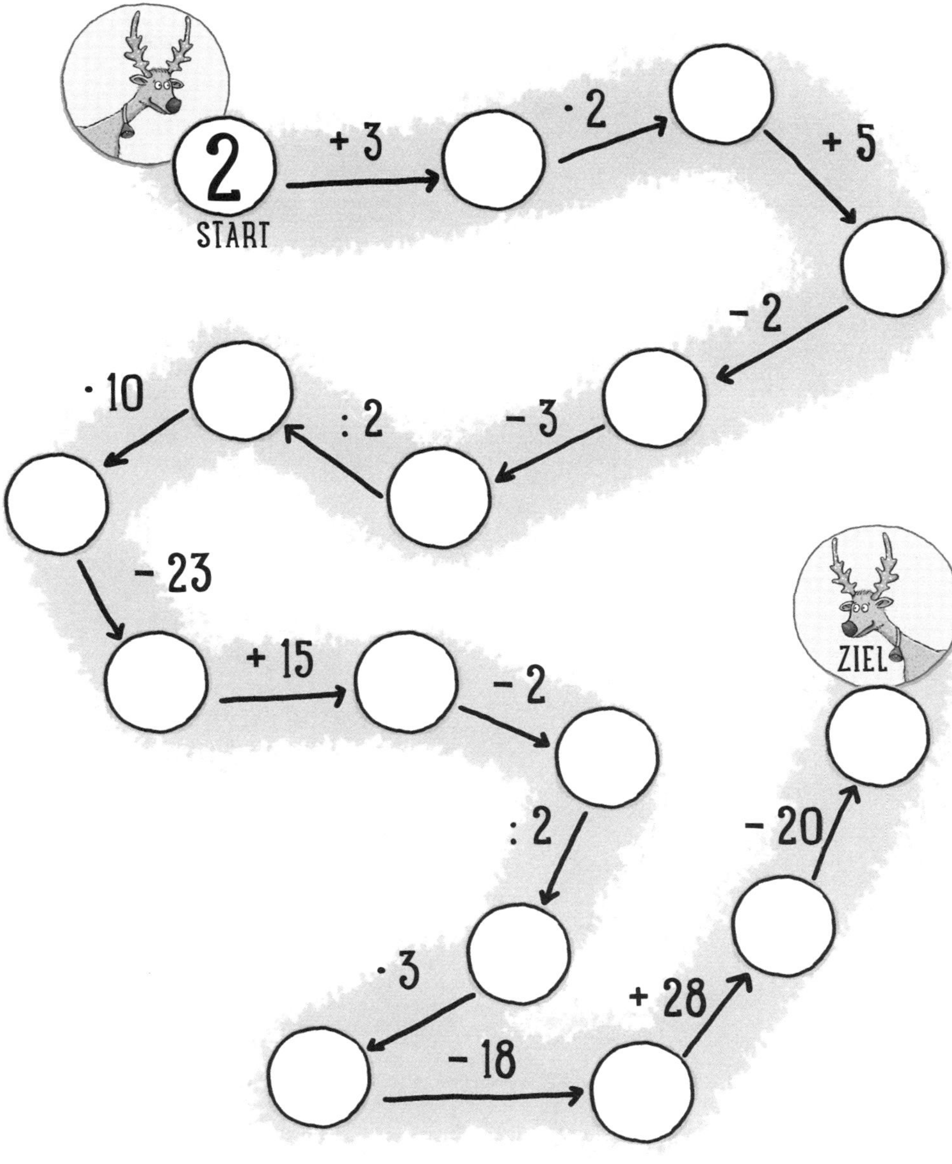

2 START

+ 3

· 2

+ 5

− 2

− 3

: 2

· 10

− 23

+ 15

− 2

: 2

· 3

− 18

+ 28

− 20

ZIEL

Lösung:

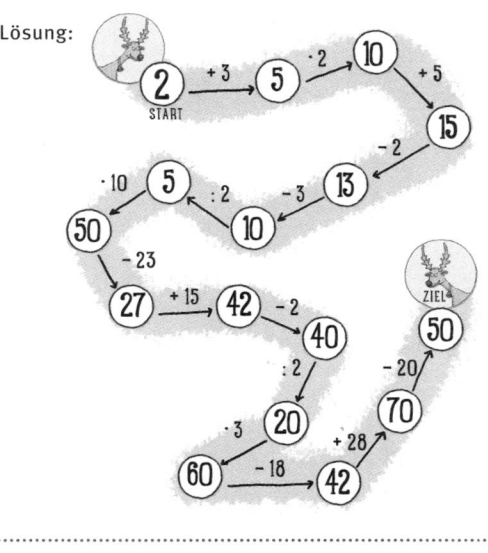

Male an das Geweih bunte Weihnachtskugeln.

Winter-Sudoku

In jeder Spalte, in jeder Reihe und in jedem Rechteck darf jedes Bild nur einmal auftauchen. Welche Bilder gehören in die leeren Felder?

Male viel Sterne.

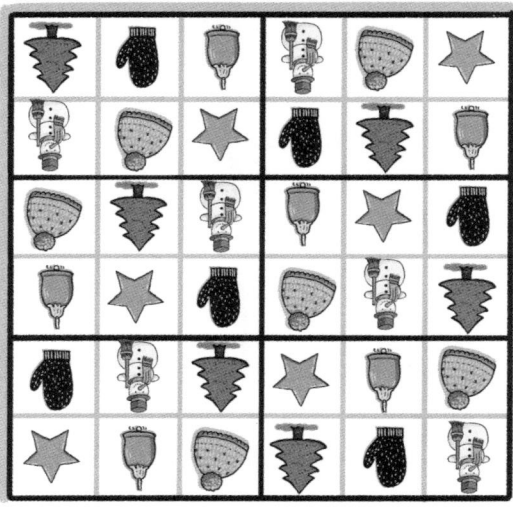

Wortschlangen für Anfänger

Verbinde die Buchstaben mit Pfeilen zu sinnvollen Wörtern
und schreibe sie unten auf die Linien.

Beispiel:

$$S \leftarrow E$$
$$\downarrow$$
$$E \rightarrow L$$

= ESEL

1

N   S
U   S

_____

2

   S   K
   K   E

_____

3

E   H
X   E

_____

4

D   R
H   E

_____

5

U   M
A   B

_____

6

I   M
Z   T

_____

7

T   K
L   A

_____

8

S   S
U   K

_____

Lösung auf Seite 154

Wortschlangen für Fortgeschrittene

Hier ist immer der erste Buchstabe fett hervorgehoben.

152

Beispiel:

W→I→N
↓
R←E←T

= WINTER

1

D A T
V E N

_____

2

E I K
F E R

_____

3

C H E
S N E

_____

4

S R N
T E E

_____

5

A N A
S A N

_____

6

L F A
E F W

_____

7

E K C
N D E

_____

8

E K N
R Z E

_____

Lösung auf Seite 154

Wortschlangen für Könner

Auch hier ist der erste Buchstabe fett hervorgehoben.

Beispiel:

```
S ← E ← F
↓       
T → E → S
        ↓
N ← E ← S
```
= FESTESSEN

1

```
E  I  S
U  A  L
F  E  N
```
_____

2

```
T  E  R
S  E  V
S  I  L
```
_____

3

```
K  E  U
R  R  E
E  W  F
```
_____

4

```
Ä  T  Z
L  P  C
N  E  H
```
_____

5

```
E  U  S
T  N  S
R  O  T
```
_____

6

```
W  I  N  T
C  S  R  E
H  L  A  F
```
_____

7

```
F  S  N  E
U  T  U  I
A  L  K  S
```
_____

8

```
E  F  E  E
K  L  S  N
C  O  C  H
```
_____

Lösung auf Seite 154

Lösungen für Anfänger:

1
```
N    S
↓    ↑
Ü →  S
```
NUSS

2
```
S    K
↑    ↓
K ←  E
```
KEKS

3
```
E ←  H
     ↓
X ←  E
```
HEXE

4
```
D ←  R
↓    ↑
H →  E
```
HERD

5
```
U →  M
↑    ↓
A ←  B
```
BAUM

6
```
I →  M
↑    ↓
Z    T
```
ZIMT

7
```
T    K
↑    ↓
L ←  A
```
KALT

8
```
S →  S
↑    ↓
U ←  K
```
KUSS

Lösungen für Fortgeschrittene:

1
```
D ← A   T
↓       ↑
V → E → N
```
ADVENT

2
```
E ← I ← K
↓       ↑
F → E → R
```
KIEFER

3
```
C → H   E
↓   ↓   ↑
S   N → E
```
SCHNEE

4
```
S   R → N
↓   ↑   ↓
T → E   E
```
STERNE

5
```
A → N → A
        ↓
S ← A ← N
```
ANANAS

6
```
L   F ← A
↑   ↑   ↓
E ← F   W
```
WAFFEL

7
```
E ← K ← C
↓       ↑
N   D → E
```
DECKEN

8
```
E ← K   N
↓       ↑
R → Z → E
```
KERZEN

Lösungen für Könner:

1
```
E → I → S
        ↓
U ← A ← L
↑       ↓
F → E → N
```
EISLAUFEN

2
```
T → E → R
        ↓
S ← E ← V
↓       ↑
S → I → L
```
SILVESTER

3
```
K   E ← U
↑   ↓   ↑
R   R   E
↓   ↓   ↑
E ← W   F
```
FEUERWERK

4
```
Ä ← T → Z
↓   ↑   ↓
L ← P   C
↓       ↑
N ← E ← H
```
PLÄTZCHEN

5
```
E   U → S
↑   ↓   ↓
T   N   S
↑       ↓
R ← O ← T
```
NUSSTORTE

3
```
W → I → N → T
            ↓
C ← S ← R ← E
↓       
H → L → A → F
```
WINTERSCHLAF

7
```
F   S ← N   E
↑   ↓   ↓   ↑
U   T   U   I
↑       ↓   ↑
A ← L   K ← S
```
EISKUNSTLAUF

8
```
E   F ← E ← E
↓   ↓       ↑
K   L   S   N
↓           ↑
C ← O   C → H
```
SCHNEEFLOCKE

Winterschlaf

Welche Tiere halten Winterschlaf? Du kannst das Zahlenalphabet
vorne im Block zur Hilfe nehmen.

9	7	5	12

13	21	18	13	5	12	20	9	5	18

6	5	12	4	8	1	13	19	20	5	18

8	1	19	5	12	13	1	21	19

6	12	5	4	5	18	13	1	21	19

Lösung:

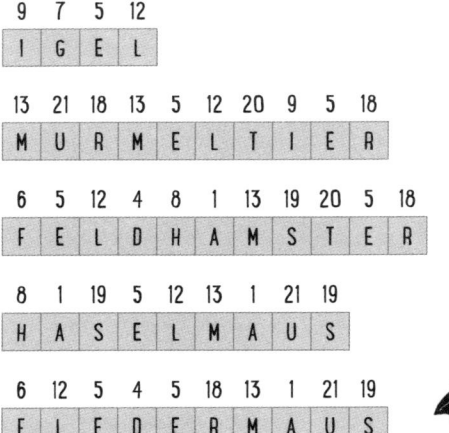

9	7	5	12
I	G	E	L

13	21	18	13	5	12	20	9	5	18
M	U	R	M	E	L	T	I	E	R

6	5	12	4	8	1	13	19	20	5	18
F	E	L	D	H	A	M	S	T	E	R

8	1	19	5	12	13	1	21	19
H	A	S	E	L	M	A	U	S

6	12	5	4	5	18	13	1	21	19
F	L	E	D	E	R	M	A	U	S

Male eine Fledermaus.

Das gibt's nur bei Kälte!

Bringe alle Wörter wieder in die richtige Reihenfolge,
indem du die Buchstaben von rechts nach links aufschreibst.

räbsiE	
siettalG	
muabnennaT	
llabeenhcS	
nehcukbeL	
nettilhcS	
lefeitS	
ehuhcsdnaH	
ulgI	
eztüM	
lahcS	
tkramsthcanhieW	

Male eine bunte Pudelmütze.

Helau und Alaaf

Im Winter ist Faschings- oder Karnevalzeit.
Kreuze die richtigen Antworten an.

 Wie heißt die Faschingszeit auch?

- ◯ **a.** bunte Jahreszeit
- ◯ **b.** fünfte Jahreszeit
- ◯ **c.** letzte Jahreszeit

 Wie nennt man die traditionellen Straßenveranstaltungen am Rosenmontag?

- ◯ **a.** Umzüge
- ◯ **b.** Aufzüge
- ◯ **c.** Auszüge

 In welcher Region heißt Fasching Karneval?

- ◯ **a.** an der Ostsee
- ◯ **b.** in den Alpen
- ◯ **c.** im Rheinland

 Wann wird die Karnevalssaison traditionell eröffnet?

- ◯ **a.** am 11.11. um 11:11 Uhr
- ◯ **b.** am 24.12. um 00:00 Uhr
- ◯ **c.** am 03.03. um 03:03 Uhr

 Wie heißt der Tag, an dem der Karneval endet?

- ◯ **a.** Feuerdienstag
- ◯ **b.** Aschermittwoch
- ◯ **c.** Kohlensonntag

 Welches christliche Fest folgt gut sechs Wochen nach Beendigung des Karnevals?

- ◯ **a.** Sankt Martin
- ◯ **b.** Weihnachten
- ◯ **c.** Ostern

Male dein Karnevalskostüm.